看准场合说对话

领导者口才实战训练

崔西◎编著

中国言实出版社

图书在版编目（CIP）数据

看准场合说对话：领导者口才实战训练 / 崔西编著
—北京：中国言实出版社，2012.9
ISBN 978-7-80250-943-6

Ⅰ.①看⋯
Ⅱ.①崔⋯
Ⅲ.①领导人员—口才学
Ⅳ.① C933.2 ② H019

中国版本图书馆 CIP 数据核字（2012）第 154467 号

出版发行	中国言实出版社
地　　址：	北京市朝阳区北苑路 180 号加利大厦 5 号楼 105 室
邮　　编：	100101
电　　话：	64924716（发行部）　64924735（邮　购）
	64928661（总编室）　64963107（一编部）
网　　址：	www.zgyscbs.cn
E-mail：	zgyscbs@263.net
经　　销	新华书店
印　　刷	北京市昌平前进印刷厂
版　　次	2012 年 9 月第 1 版　　2012 年 9 月第 1 次印刷
规　　格	720 毫米 × 1000 毫米　　1/16　　14.5 印张
字　　数	200 千字
定　　价	29.80 元　　ISBN 978-7-80250-943-6/C·45

　　俗话说，一手好字，两片巧嘴。可见，会说话是何等重要。然而，一个人要是能够在适当的场合说适当的话则是一种境界。

　　看准讲话场合、时机并练就良好的讲话口才是一笔无价的财富，也是一门需要很大的耐心去研究的艺术。不管是领导者还是普通人，在不同场合下的讲话水平都是自己内在修养和口才的真实体现。

　　人的各种能力都是通过后天的学习而得，没有什么能力是天生的，所以达成目的的关键在于自己的信心、方法和毅力。看准场合讲话的艺术也是如此。

　　朱自清先生说过："人生不外言动，除了动只有言，所谓人情世故，一半儿实在是说话里。"试想一下，作为个人或是一个群体代表的发言者，尤其是领导，能够在各种场合下说一番贴切的话是多么的重要，有时甚至是某些领导日常工作中经常面对的问题。因此，如何说话，如何说好话是一门极其重要的艺术。说得好，能扭转形势，收到好的效果；说得不好，则可能会弄巧成拙，造成坏的影响。

　　人们每天都要说很多话，越是能办事的人，说的话肯定也越多。但是能不能把事情顺利地办成并不只是说话的多少决定的，关键还是要看准场合说对的话。若是一个人能娴熟地掌握说话的技巧，懂得何时嘘寒问暖、何时蜜语相加、何时谦忍退步、何时慷慨激昂……那么就会更快地叩响成功的大门。

本书共分为九个部分，分别从会议讲话、演讲技巧、与下属沟通、与上级沟通、酒桌聚会、宴会礼节、谈判学问、应对访问和朋友交往等九个篇章对不同场合的讲话进行分析，尽可能涵盖日常交往中碰到的各种场合。既可以看做是一种对现实的场合讲话技巧的参考，也可以为以后可能遇到的类似场合提供应对的策略。

　　每个人都希望自己成为人际交往中的主角、工作事业上的成功者，想让自己与他人之间有良好融洽的人际关系，想在生活和工作时能够更加顺利……那么，在这里你定会有所收获。

　　看准场合说对话，关系到人一生的成败。古今中外那些卓越的领导人，无一不是善于在不同场合运用语言的高手。古有使楚的晏子，利用自己不凡的口才保持了尊严；苏秦更是以雄辩之才挂起六国相印；张仪靠着自己三寸不烂之舌到处游说，最终建功立业；诸葛亮联吴抗曹，舌战群儒。而到了近现代，也出了梁启超、孙中山、鲁迅、毛泽东、周恩来、闻一多等诸多能言善讲的口才巨擘。

　　在本书中，我们将用详细生动的事例告诉每一位读者如何"看准场合说对话"。毕竟，说与不说只是说话技巧的基本问题，怎么在适当的场合之下说出适当的话才是最重要的问题。期待每一个看过此书的人都能成为最会说话的人，都能在适当的场合说出适当的话，并如愿以偿地踏上自己的成功之路。

第三章　与下属沟通时的口才技巧及实例
——做一个让下属信服的上级 / 49

第六章　中国式宴会中的口才技巧及实例
——做一场皆大欢喜的局 / 131

第七章　商务谈判中的口才技巧及实例
——让结局尽量在掌控在自己手中 / 157

第八章　接受访问时的口才技巧及实例
——做一个说话滴水不漏的人 / 185

第九章　人际交往中的口才技巧及实例

第一章　主持会议时的口才技巧及实例

——让会议如想象般进行

1. 会议开始时，如何说好会议的开场白？

良好的会议氛围是会议顺利进行的重要保证，而精彩的开场白则是营造良好会议氛围不可或缺的重要因素。精妙的开场白可以使与会者切身感受到所要讨论的问题是与自己的利益紧密相关或者这一问题是目前社会上所普遍关注的。这样就可以调动与会者的积极性，提高与会者的参与兴趣，从而保证会议的顺利进行和最后的圆满成功。

精辟生动的开场白会给人们留下深刻的印象，有利于与会者深入地融进会议中。美妙的开场白就像是一块磁铁，深深地吸引着众多为它所感染的人们，从而达到提高参与者积极性的效果。而开场白带来的这些效果则恰恰证明了良好的开端是成功的一半。

会议开场白是主持者会议精彩讲话的集中体现。"一言知其贤愚"，说的就是开场白是与会者对主持者会议讲话水平的第一印象的评价，因此，作好会议开场白对主持者来说十分重要。

会议开场白以简短为好，最好不要超过一分半钟，若是开场白拖泥带水则不利于解决问题，还会使会议面临失败的危险。

开场白既要明确开会的目的，又要点明开会的重点，让听众心中有一个会议的大体概念，避免盲目参加会议。但是又不能三言两语草草了事，意不明，言已尽，让与会者丧失再听下去的兴趣。

好的开场白可以在一开始就抓住与会者的心，让人感觉印象深刻。正如一部电影，若是让人一开始就感觉寡淡无味，肯定卖不出好的票房。

还有一点，开场白还要尽量避开那种陈旧死板、毫无新意的格式。要根据会议的实际情况，或讲形势，或道特点，或提要求等等。总之要和实际多联系，要有好的构思，好的设计，让参加会议的人心甘情愿地进入你布置的"圈套"。

有一天，教育局的张局长要召集全单位的同志开一个小会。当时从各个部门来的同事们三人一堆、五人一群地在窃窃私语，由于会场比较嘈杂，同事们的情绪还没有安定下来。所以，张局长就只好在此情形下开始了会议：

"曾经有个笑话是这样讲的，有一天张飞和关羽参加刘备召开的军机会议。当时参会的将军们也是在交头接耳，由于大家的声音比较大，所以刘备无法发言。这时黑脸张飞看不过去了，就噌的站起来说：'大哥，看我的。'于是他用他在长坂坡喝退曹军的大嗓门大喝一声，结果大家还是没有安静下来，依旧是各说各的。这时关羽起身说：'你那手不行，还是得看我的。'于是，他便坐在刘备的位子上，捋须凝目，若有所思。这下子大伙儿都觉得不对劲，倒安静下来了。其实，这只是个笑话，刚才大家在热火朝天的讨论，现在也静下来了，这是为什么呢？这个问题留给大家思考，这不是我今天要讲的内容，而我真正要讲的主要内容则是……"

张局长用一则简短生动的故事，吸引了大家的注意，调动了大家的积极性，从而使会场很快就安静了下来。

然而并不是所有的会议都是从嘈杂走向安静的，也有的是刚开始的时候会场气氛过于紧张，反而需要活跃现场气氛，张局长也遇到了这样的情况：当时会场气氛特别紧张严肃，这种气氛和张局长要发言的内容很不协调，为了活跃当时的气氛，张局长又说了这样一段开场白：

　　"我记得有一位演讲大师曾说过一句很精辟的话：在会场上发言的时候，只需要注意两种人，一种是非常漂亮的人，盯住这种人，可以使你的发言更加精彩；另外一种是非常不安分的人，镇住这样的人可以使你更有信心地继续发言。我特别想学习这种方法，但是今天我们会场所有的人都很漂亮，并且没有不安分的人，这可叫我怎么学呢……"

　　主持者的职责就是让大家清楚要解决的问题，并且要言明问题的迫切性，促使大家积极行动起来。

　　开场白的内容包括会议的背景、主题、目的、意义、议程和开法，其语言要简明扼要、条理清晰，语调和表情都要与会议气氛协调一致。

　　一般情况下，好的开场主要包括三个方面：一是开门见山，抓住要领，要言简意赅地把所涉及的主要的会议内容、主题讲清楚。二是临场发挥，调动现场气氛，营造适宜会议开展的气氛，让与会者变得积极起来。三是运用富有启发性、引导性的语言，引导全场与会者迅速进入状态，让与会者把精力集中到会议中来。

2. 在会议上有效地把握好会议的主题，上级应该怎么说？

　　开会时间，一般以2小时为限度，这也是考虑到人的生理以及心理的条件决定的，超过2小时的拖拖拉拉、松松散散的会议，只会增加疲劳而不会产生好的效果。为了确保在有限的时间内达到预期的效果，会议的主持者就要掌握适当地控制会议节奏的方法，要有张有弛，既有现场互动，又要力避互相之间的推诿扯皮。

有的发言者一张嘴就口若悬河，长篇大论，俨然现场就是他一个人的天下。出现这种情况时，在不伤害发言者的前提下，主持者应该适当地进行暗示。如果他讲的兴致正浓，就给其时间，若是时间不允许的话，主持者也可以帮其进行总结："你提出的几点很好。现在让我们听听其他人的意见。"借此打断他的讲话。倘若是这招仍然不起作用，就在会议开始前限定时间，每个人给出一定的时间，超时就直接提醒其下台。如果任由这些口若悬河者不着边际、没完没了地长篇大论，那么等到结束时怕是"花儿也谢了"。

某公司总裁秘书马林受总裁委托，代表总裁前往公司的生产车间主持召开公司第一季度的生产运营会议，会议开始时，马林首先发言说："今天，我们主要谈一谈今年第一季度的生产运营计划，接下来请大家就这一会议主题踊跃发言吧！"

大家你看我，我看你，面面相觑，谁都不愿意第一个站起来说话。会议一度出现了冷场。

过了一会儿，江副厂长开始说："我们生产车间设备需要更新，现有设备过于陈旧，不利于提高生产效率和节约成本。"

马副厂长紧接着又说："后勤这一块儿也需要更新设备……"
……

大家谈论得热火朝天，马林发现会议的讨论越来越偏离主题，议论了半天，关于运营计划的主题一句没有，而且只听到几个人在夸夸其谈，大多数人根本没有机会发言。会议就在一片夸夸其谈中结束了。

在开会时，有的人喜欢在会场下面窃窃私语，与周围的人进行交谈。这不可避免地会对会议的正常进行造成一定的影响。若是交谈达到必须加以制止的地步时，就要采取一定的措施了。可以直接向交谈者提问，也可以先停下发言，等着他们安静下来再接着讲。倘若是这招不好使，你可以直接对交谈者说："看来你们有什么高招妙解啊，在下面谈得这么高兴。来来来，请大声地说出来，让我们也从中学习一下嘛！"

开会时，针对一个话题，由于修养及学识的差异，与会者会自然会有不同的看法，进而也会作出不一样的判断、提出不一样的方案。如此一来，难免会发生一定的争执。此时，我们可以看做是深入讨论的表现。然而，若是意见比较集中的话，主持者就要适当的终止讨论。否则，争执的双方据理力争，互不相让，不但浪费时间，也会干扰会议的进行。

有时候，个别人会把会议场所当成解决个人纠纷的地方，借开会之机给部门、单位制造麻烦。作为上级的主持者，自然会是炮轰的主要对象，此时即使再刻意忍让，难免也会有忍受不了的时候。若是与捣乱者理论，就会使会议偏离主题，正中了对方的圈套。他们的目的就是让你出丑，搅乱你的场子，让你给大家留下一个坏的印象。而作为主持者，你要保证会议达到预期效果，就必须巧妙地运用语言技巧，让你化险为夷。

要做到有效地控制会议的进程，比较重要的一点就是使会议的各项议题尽可能地依照事先预定步骤推进，不要随便加以变更。在有限的时间内，围绕会议的主题展开充分讨论，那种漫无边际的"座谈"，只会使会议远离轨道，毫无成效，这时作为主持人，就要发挥自身的作用，不妨采用下面的方法来纠正离题的人。你可以说："这是个颇有意思的意见。这对讨论我们的问题适用吗？"这样会使对方感觉到他们离题了，从而使其意识到要回到正轨上来。

3. 巧于连接，应变有数，发言者应该怎么做？

开会往往是为了找一个向人们传递信息和解决问题的更好的途径，从这个意义上说，会议是为实现某种目的服务的一种重要形式，因此会议要有明确的议题和清晰的程序。在会议开始之前，把要讲的内容列成提纲，心中有个主线，就能有条不紊地让会议沿着既定的思路走下去。上级要预知与会者在听了会议之后脑海中留下的是什么样的内容，会议的主题也不可偏离这个中心。

个别做上级的主持者，为了严格地控制会议的进程，还要求秘书为自己写稿子、拉条目，会上直接对着稿子照本宣科，这样难免显得机械呆板。要记住一点：对于发言者来说，念稿子就是一场灾难，极有可能会直接导致会议的失败，不到万不得已最好避免。上级应该在会议开始时列出提纲，会议进行中借题发挥，临场应变，如此才能讲得灵活、讲得自如、讲得出彩，讲出自己的真性情、真个性。

有一年，谭震林同志在湖南攸县蹲点，组织当地干部开了一个座谈会。在会议上，谭老发现，发言的人都是拿着稿子读的，这使得会议内容枯燥乏味，与会者百无聊赖只好抽烟打盹来打发时间。这时，又有一位代表干部要发言了，只见他双手捧着稿子，极不流畅地念了几句。这时，在台下听汇报的谭老忍不住了，就大喊一声："这是你写的稿子吗？"被问者支支吾吾地回答说："这是我的秘书帮我起草的。"这时谭老拍拍自己的稿子说："我写了十几页的调查报告，每一个字都是我自己斟酌写出来的，你的区区几页还要秘书起草。你们给我汇报工作，不把自己下去调研的东西汇报给我，只是捧读你们秘书帮你们起草的报告，这样既不能深刻地说明存在的问题，又不能引起大家的共鸣。讲十几分钟的话，都要别人替你写个稿子，这样，不脱离实际才怪！"为了不让批评者有心理负担，谭老又转变口气说："我打断你的话，很有点不礼貌，为了倡导一种风气，我就要这么做。就是要你知道，这样干是不行的。"

谭老犀利的话语批判了在某些高级干部中存在的官僚主义作风，同时也告诫我们，要想不照本宣科，就要身体力行，做最充分的准备，保证心中有数。

主持一个会议，一般都要在中间搭桥接榫过渡照应，把整个会议连缀成一个有机的整体。可以说，这个连接过程也是主持人自我发挥，展现自身才华的大好机会。上级是否具备上佳的口才和出众的机智，人们将通过他所表现出的组织与概括能力作出自己的评判。主持人所用的连接语不外乎承上启下，肯定前面的，画龙点睛；呼出后面的，渲染蓄势。比如"刚才××同志的发言直陈胸臆，甚是精彩。下面我们再来听听××的高见。"凡此种种，不一而足，应视具体情况而定，不拘一格，总之以恰到好处为佳。

我们不妨再看一个例子：

有人主持"我是一名道德模范"的演讲，其中一位代表讲了《人与道德模范》，而下一位则要讲《要持之以恒地坚持雷锋精神》。于是主持者在这两篇演讲之间说："道德模范是人，但又不等于一般的人，道德模范要有持之以恒的精神，要经得起流言飞语和误解的打击，这就离不开持之以恒。下面请听××同志演讲。"

可以看出，寥寥数语，过渡自然不着痕迹，又无牵强造作之感。当然，要想达到一个较高的讲话水平，平时就需要我们不断地充实自己，积累实际讲话经验。

4. 会议上为避免雷同讲话，发言者该如何说？

上级干部常常会接到参加会议发表讲话的邀请，有时往往会出现这样的情况：前面的发言已经对会议的主题作了比较全面的论述，若此时只是简单地加以重复，肯定不受欢迎；离开主题任意发挥，则又肯定不允许；若是干脆不讲吧，这样又负了邀请者的一片盛情。在这进退两难之际，到底该怎么办呢？有的人不知变通，硬着头皮"炒冷饭"，结果是台上一大套，台下"嗡嗡叫"；有的人则独辟蹊径，从容自在，引得满堂掌声。

探究其中的奥秘，就是要精心选择讲话内容。那么，怎样进行选择呢？

首先，可以讲讲自己的感受，即针对会议内容阐发个人的体会。由于感受侧重于表现自我的感情世界，具有浓重的主观色彩，鲜明的个性，因此结合会议主题来表现自己独到的感触，既符合发言要求，又可避免雷同。

陆处长参加一位同志的欢送会，在欢送会的前半个小时，有很多和这位老同志工作过的同事都对这位老同志的优点说得很全面，而且还表达了自己对老同志的祝愿。总之该讲的台面话大家基本上都讲了。马上该轮到自己讲了，如果继续讲这位老同志的优点，或者表达自己对老同志的祝福，很有画蛇添足之嫌，而且不足以表达自己的对老同志的特殊情谊。于是，陆处长决定不按常规出牌。在轮到自己讲话的时候，陆处长说："听了以上几位同志的发言，我深有同感，××同志确实是一位廉洁奉公，恪守职责的好干部。我由此想到，大家赞扬他的这些优良品质，说明我们大家心目中的价值观没有变，还是以廉洁为美，以奉公为美。虽然目前社会上有一些不好的风气和习惯，'拜金主义'的思想还有市场，但我们的同志没有受它的影响，也没有忘记我们的优良传统。看到这一点，我觉得我们的民族振兴很有希望，我们的国家很有希望，我们的单位的风气也会越来越好。"

其次，可以结合个人经历抒发自己的感想，即围绕会议主题，结合各自己的经历进行发言。个人经历的独特性很强，每个人都是不同于他人的，讲自己的经历便可以有效地避免雷同。

在一次少先队辅导员夏令营的闭幕会议式上，领队小卢没不是简单地去重复别人已讲过的话，而是出人意料地讲起了自己成为少先队员的那段难忘经历。他说："我是一个很淘气的孩子，当少先队创建的时候，我并没有第一批戴上红领巾，加入少年先锋队。我的心里很难过。可是我的辅导员并没有遗忘我，他拉住我的手说：'你也应该是个少先队员，'我的心里头非常感动。凭借自己的努力，在三年级的时候，我终于成为一名光荣的少先队员。辅导员老师们，……奋斗的种子是在那时撒入我的心田的，所以今天我看到你们，我仍然怀着感激的心情说声：谢谢你们，我的辅导员老师们！"

他的话从个人经历谈起，再纳入会议的主题，新颖独到，受到听众的热烈欢迎。

最后，还可以围绕着一个点进行讲评。与会发言，虽然基本话题已经确定，但每个人所讲的具体内容还是具有变化余地的。在已经确定的范围里选取一两个"点"来讲，也不失为避免雷同的好方法。辛亥革命的领袖黄兴就擅长于此，这里仅以他在《民报》创刊周年庆祝大会上的讲话为例。

《民报》是同盟会的机关报，是宣传民主革命的阵地。因此，这次会上，发言者围绕"宣传革命真理，发动民众，扩大革命势力"的会议主旨纷纷讲话。孙中山就革命的原因和性质发表了长篇报告，章炳麟的祝词阐明了革命的政策，日本朋友也相继致辞。可以说会议的内容已经讲得相当完满了。

在这种情况下，黄兴发言了，他针对会议的主要听众留日学生只讲了一个问题——学生的革命责任。他说："凡是革命的事业，世界人人都表同情的。唯有自己的国民却不仅要他表同情，而是要他负这革命的责任。诸君现在都是学生，就拿学生的责任来说……"他又提到了学生在欧洲、日本等资产阶级革命中起的积极作用，"诸君莫要说今日做学生的时候，是专预备建设的功夫，须得要尽那革命的责任。今天这会，就是我们大家拿着赤心相见，誓要尽这做学生的本分的。"黄兴的讲话丝丝相扣，短短一分钟时间，掌声和喝彩就达五次之多。

当然，会议讲话的原则是"有感而发"，应邀发言也不例外，因此，在确实没有必要讲的情况下，以上这些方法都将黯然失色。此时，免于尴尬的上策就唯有"不讲"了。

5. 为了高效地参与会议讨论，讲话有何技巧？

会议讨论是指大家在会议上共同对某个问题研究和交换意见的谈话形式。在日常工作中，为了使对工作的分析和安排更全面、更精确、更符合实际情况，上级干部之间商议决策，上下属之间交流意见，统一认识，常常都要通过讨论的形式来实现。

一次圆满的讨论会是由集体完成的，是需要主持人和与会者共同围绕着一个话题、一个中心共同努力，才能圆满完成的。身为主持人的上级，不能凭借自己的权力搞一言堂。讨论本身就是一种民主交流的方式，与会者围绕一个问题充分地发表自己的意见，这也是和其他人沟通的一个绝好机会。对不同的看法，可以和他人适当地争论，从而取得一致或者比较一致的看法，以利于决策的实施和执行。

严肃认真、精诚合作的讨论既能发挥集体的智慧，又能集思广益，为解决问题、战胜困难寻求妥善方案。并且通过与会人员各抒己见，还能达到交流思想、互相学习、促进团结、共同提高的目的。所以，使与会人员高效率地参与集体讨论活动，是现代上级必备的一种技巧和能力。

　　那么，上级应如何带动大家积极讨论，参与到讨论中去呢？在讨论中，上级既是普通一员，又是主持讨论的关键人物。但上级应当明确自己的主要任务是引导讨论，而不应急于表达自己的意见。尽管你作为上级对议题可能有独到的见解，但是应当首先想到为参加会议者创造说话的机会，不能凭借上级人身份，利用有利的发言机会抢先对议题作出论断性发言。否则容易抑制他人的表达欲望，也容易给参加者一种感觉：似乎刚一开始讨论，你便定了调子，强制他人接受你的意见。

　　某公安局有一个棘手的人命案已经压了一年多了，还是没有找到突破口。于是，局里就这一案件要开一个专案讨论会。局长在会议上说："这个案件很难着手，一年来我们的工作都没有太大进展，大家有什么看法，尽管畅所欲言。但是，据我这么多年的经验，我个人觉得，这个案件的侦破工作应该从×××入手，应该能有一定的突破……"局长说了很长时间自己对这个案件的看法，最后说："大家再看看有什么补充的没。"

　　其他办案人员听局长这么一说，本来有几个想发表一下自己最近的调查进展，但是由于局长的发言，都不好再说什么，只有顺着局长的看法讨论了一下。

　　这位局长本想让与会的办案人员讨论一下案件的进一步调查工作，可是由于自己的一番事"分析"，却限制了大家的进一步商讨，当然会议的结果不是让人满意的。

　　那么，上级组织这种讨论性质的会议时，怎么说才能达到理想的效果，让与会人员都积极地参与到会议的讨论中来呢？不妨看看以下的一些方法。

首先，发言要简洁清楚。讨论时的发言，属于口语色彩较浓的说话，它和即兴讲话类似，同属于较高层次的说话形式。与即兴讲话不同的是，在有些较正式的大型讨论会上的发言，可以事先准备好发言提纲。但是由于讨论是在较多的人中间进行的，既要摆出自己的观点，又要给别人创造发言机会，所以即使身为上级，有着强势的发言权，不论是否准备发言提纲，都要注意说话要简洁、清楚。畅所欲言不等于说话漫无边际；发言要扣题，要使重点突出，否则，东拉西扯，言不及义，必然使人莫名其妙，影响讨论的效果。

其次，要积极发言，尊重其他发言人。每一个参加讨论的人都应当是主持人的真诚合作者。而最积极的合作方式就是在讨论时畅所欲言，不要使讨论冷场，要敢于在讨论中抛砖引玉，身为上级，尤其有义务调动大家发言的积极性，和主持人默契配合，协助其主持好会议中的讨论工作。

还要注意，要把讨论当成学习的机会。上级参加讨论，更要有谦虚谨慎的态度。既要积极发言，又要理智而认真地听别人发言。要注意吸取人家发言中的合理成分，对待不同见解要认真思索分析。总之，要把参加讨论当做提高修养、增长见识、增加阅历的学习机会。

6. 面对冷淡的气氛，如何用语言引导成员积极发言？

一般来说，会议是供大家集思广益的场合，如果把会议搞成一言堂，主持者在上面唱独角戏，就失去了各抒己见的本意，也不利于充分发扬民主。况且，主持者的水平并不体现在其将自己的意图强加于人，虽然主持者要有"唯我独尊"的威仪，但在方法上要注意灵活多变。

要主持一个成功的会议，不仅在会上要会巧妙地提问，而且还要会积极地引导，使会场气氛生动活泼，力避拘谨，这样才能从各个角度、各个层面了解问题、发现问题、分析问题、解决问题。

但是，我们有时候让却也会碰到无人发言或大部分人毫无反应的冷场会议。冷场可能是由于人们对某个问题还似明非明，难于发表看法。这时作为主持者或是会议的主持者不妨以这样的话语加以点拨："这个问题正面一时看不清，假如反过来看呢？从它究竟有多少弊端的角度看，是否应下决心解决呢？"

公司决定参加一项重大的投标项目，在招标会议的前夕，宋经理就招标的准备情况发表了自己的意见和看法，并表示希望大家畅所欲言。可过了两分钟，还是不见有人站起来发言。宋总觉得有必要调动一下现场的气氛。于是他就对坐在自己身旁的老马"开炮"了。只见宋总慢条斯理地说道："老马，您今天一言不发，是不是想'金杯漱口'，永不发言了啊？"被这样的话一激，老马自然就会开口表达自己的看法。

其实即使当时老马不立即发言，旁边的同事只要稍微再刺激一下老马，如"我们平时能说会道的老马跑哪里去了，今天怎么一言不发，甘拜下风啊？"老马也会开始高谈阔论的。

其实在面对这种尴尬的情况时，也完全可以采取迂回方式引他开口，譬如说："小王，你一直沉默无语，是不是身体不舒服啊？"对方可能会予以辩解，这时候就正好可以顺水推舟："那你就是有不同意见了，说出来让大家伙听听吗？"

有时主持者也可以就某人的发言因势利导，引导大家顺此深入讨论。如"老李认为要提高我公司产品的市场占有率，就必须要提高产品的质量。这一观点非常有见地，大家就针对如何提高我公司产品质量讨论一下吧！"这样说不仅给足了老李的面子，也使得大家的讨论有了方向，会议就会更加深入一些。

会议的主持者打开局面、引导会议顺利进行的技巧，取决于他的认识水平和良好的思维能力。主持者要能够洞察现场情势，抓住众人共同关心的话题，广开言路。有时主持者不妨身先士卒，带头发言，为他人作好铺垫；也可以语调亲切，言语诙谐，吸引与会者的注意力，使那些持漠然态度者也能积极投入；还可以层层设问，启迪思考，借助"头脑风暴"倾听更多意见。会议局面的展开有赖于主持者的引导能力，但根本上还是取决于主持者良好的应变素质。

7. 面对会议当场出现的争执和反面意见，发言者应该如何做？

在会议进行的过程中，会遇到各种意见分歧，有时甚至会上升为激烈地争执。面对这种情况，就要仔细分析，视不同情况，采用恰当的方法冷静处理。

如果分歧是关于工作方面的，一般不会影响到与会者本身的利害，但是若不加以适当地引导，就会对双方的关系造成一定的影响，甚至是破坏团结。针对这种性质的分歧，会议的主持者首先要理清分歧的来龙去脉，以及争论的焦点何在，并厘清各方的利害关系，进而把争议解决，把讨论引向更深的层次，而不是漫无目的、没完没了地争论；对一些纯粹是推诿扯皮性质的争议，应及时果断地加以制止。

倘若是因为人际关系问题引发的矛盾，在会议上据理力争是正常的，但是若出现争吵双方进行人身攻击，则是不应该的。出现这种情况时，要分清问题程度，采用适当的方式处理。若是因为平时就有积怨，借会议之机泄愤，主持者就应该立刻制止这种情形，可以示意涵养高的一方先停下，或是利用上级的权威先压制下去，会后再做处理。必要时，可以先对不对的一方给予批评。

有时候，会议主持者的意见会遇到个别的反对声音。比如，批评某人时，挨批的人内心不服气；安排工作时，分工不合理，等等。不论是什么情况，对会议的正常进行都会有影响。在这种情况下，主持者就需要保持冷静的头脑，尽可能不要与对方直接开火。若是对方比较理智，在不影响会议正常进行的情况下，可以给对方摆事实讲道理，以理服人；若是对方容易冲动，不够理智，应立即停止争执，把问题放在会后解决，先保证会议的正常进行。

一次，某公司年终工作总结会议上，李经理请上级主管部门的张总对本部门近三个月的工作进行一下考评。

"总体来说，大家在这三个月中取得的成绩是很令人满意的，也取得了不错的成绩。但是，我们的客服部在这几个月中表现得就很不让人满意，接连发生了好几次客人投诉事件，对我们公司的形象产生了极其不好的影响……"

事情的起因是客服部的张民因为一件小事得罪了张总，张总从此就和客服部结下了梁子，处处找客服部的麻烦。

听到张总这样夸张事实，负责客服部工作的张民组长听了心里很是不爽，心想：发生的那几次投诉事件不是和你报告了吗，而且你也说那几次也不全是我们的过错，纯粹是客人在无理取闹。再说，平时客服部的工作这么累，我们也没有任何怨言，为什么就看不到我们工作的成绩呢？总之是越想越觉得憋屈。

于是张民打断了张总的讲话："张总，对于那几次的事件，你不是在当时已经说了不是我们的过错吗，为什么今天又在会议上这样说啊？难道我们平时的努力工作都是假的，为什么就不能说我们部门几句好话？"

面对张民的当场顶撞，张总面子上很是挂不住，当场就和张民叫板，使得会议一时陷入了尴尬的局面。

会议进行当中，参会者当场表达出异议，和主持者发生分歧，作为会议的主持者应该胸怀大度，博采众议，妥善解决好问题。

还要明白一点，解决问题首先得有接受外界质疑的心理准备，应该事先预想到可能遇到的各种反对意见。若是没有任何思想准备，一旦遇到尖锐的问题，就会感到措手不及，容易陡生反感情绪，难免会一时无法忍受而爆发；反之，若是有了思想上的准备，即使是比较复杂的问题，也能够冷静地思维处理好、解决好。

作为上级，要鼓励下属提出反对意见。试想：作为会议主持者的上级，在主持会议时只有自己一人滔滔不绝，而得不到任何回应，台上你累得半死，台下听众烦得要死，这会是怎样的一个会议呢？作为主持者，不应该坐等意见，而是要善于发现问题，鼓励下属积极地提出意见，并敢于提出意见。只有这样，才能让会议开得成功，开得圆满，才有利于会议精神的落实，有利于问题的解决，有利于思想的统一。

8. 处理解决问题的会议时，有什么技巧？

工作中有时会遇到个人无法解决的问题或是上级需要和大家共同解决的问题，这时就需要开一个专门解决问题的会议。"解决问题的会议"是指以讨论解决实质性问题为主要任务的工作会议，它也是领导部门经常会使用的一种会议形式。部门领导要主持好这类会议，不仅是对部门领导能力和作风的综合考察，也是能否解决问题实现会议目标的重要手段。

这样的会议一般会有以下几个程序：

首先，用简单、明了的语言阐述会议的目的和要解决的问题，设定会议的范围，规定会议的议题，交代会议的流程和时间上的要求。

其次，按问题的重要性和轻重缓急把要讨论的内容做一个顺序上的排列。

再次，逐一商讨每个问题的解决方案，有的问题要拿出好几种方案，并作一个最终的决定，亦或是综合出一种新的办法，最后再对结果作一个预期的设想。

还有一点需明确，通过的方案由谁来实施，何时完成，以何种形式汇报和总结。

最后，每一个的问题讨论完毕之后，上级要做一个总结归纳，形成一致的意见；待所有的问题讨论完毕之后，上级作简要总结，找出优势与不足，强调一下有关问题；若是有必要再开一次会议，应与大家商定下次会议的开法和时间；若是需要以文件或纪要的方式落实下次会议，则要当场落实到责任人。

林洋所在公司的效益一直不是很好，员工的工资也已经几年好几年没有上调了，面对着日益激烈的市场竞争，若是一直这样下去，人才一定会外流，人才外流的结果则是公司被市场淘汰。和公司里的上级领导商量之后，林洋决定就如何提高公司的效益开一个全体职工大会。

"今天把大家召集到一起，就是想研究一下如何提高我们公司的效益，增加员工的收入。所以，我们欢迎各部门每个人，积极地提意见和建议，只要是有利于公司的发展，我们就一定会认真地对待。唇亡齿寒，户破堂危。公司的前途和大家的利益是紧密联系在一起的，只有大家都从公司的前途考虑，才能够让咱们公司恢复生机。我们公司一贯提倡上下级打成一片，这次会议一样没有上级和下级之分，不管是谁的建议，只要是好的，我们都会采纳！"林洋亢奋地说道。于是，大家都积极地思考和表述各自的意见。

"我觉得公司的接待处可以节省点开销，尽量不铺张、不浪费。"接待处的小马说道。

"在生产这一块儿上，我觉得咱们应该把原有的设备折算一下，换成先进生产设备，我们的设备现在已经落后别人很多年了，生产效率极低，致使成本高，质量差。其他的公司基本都是新设备，生产效率远比我们的高，而且质量比我们的好很多。"负责产品生产的小苏说。

会议在和谐民主的氛围下进行，每个人都感觉自己是公司的主人，热情高涨地为公司建言献策，提出了很多有效的应对建议和对策。

经过集体讨论，林洋最终决定采用了一些较为可行的建议，并且当场指派了负责执行这些措施的负责人，制订了切实可行的执行计划。

很明显，以上这几个步骤，只是一个一般性的程序。会议能否开得圆满，很大程度上取决于会议主持人能否做到以下几点：

找准重点，把握方向。主持者要牢记会议的宗旨，把与会者朝着会议的目标带领。因此，这就要求主持者善于引导，能够辨别是非，区别有益的讨论和无用的争论。当与会者的发言或是争论远离主题时，主持者要进行适当地提醒，引导大家言归正传，使会议围绕要讲的主题进行下去。主持者要把精力集中在方案的选择和执行上。对那些不切实际的提案，即使说得再天花乱坠，也应该断然舍弃，最多也只能取其精华，弃其糟粕。

讲究民主作风。会议要开得好，必须有一个宽松的气氛，使到会者得以无拘无束，畅所欲言。这种气氛能否形成，主要在于会议主持者是否有民主作风。主持者人要把自己置于同大家平等的位置上，启发大家开动脑筋，毫无顾忌、毫无保留地发表意见。对大家的意见，主持者要善于倾听，体察异同，分析归纳，鼓励引导。否则就会使人感到，会议是在主持者的"逼迫"之下进行的，形成的意见是主持者强加给自己的，那么，大家就不会坚决地、自觉地贯彻实施。

善于调节会场气氛。虽说会议要讲求效率，对待问题要认真严肃，但是也不至于把会议的现场搞得剑拔弩张，没有丝毫的笑声。大多的会议证明，轻松的氛围能够活跃思想，所以会议的主持者要懂得调节会场的气氛。

9. 为了使消极的与会者变为积极的参与者，讲话时有何技巧？

"现在开会了。请××同志做报告，大家欢迎……""请同志们坐好，现在开会。第一，"我们要讲的是……"这是我们司空见惯的开会模式。这样的会议，千篇一律，毫无生气，还没开头就知道结尾。所以要使与会者从消极的被动者变为积极地主动者，就要懂得变通，根据实际因境制宜，灵活安排。

会议的顺利进行少不了良好的氛围，出彩的开场白可以使与会者感到会议讨论的是与自己切身利益相关的问题，可以刺激与会者的兴奋点并吸引他的注意力，调动各种积极因素，进而使会议获得圆满的成果。

会议的类型是各种各样的，不同的会议所需要的氛围也不同。若是征求意见，则要求会议现场生动热烈；若是解决问题，则要求会议现场严肃、庄严；若是欢送会议，则要求言谈之间制造一种依依惜别之情，等等。

制造氛围、调节情绪，不是靠提高声音，而是需要适当的讲话技巧。

某厂生产过程中工序衔接不畅，致使每天出货量大大减少，为解决这一问题，主管部门决定就个别班组存在的"工作时间长，出货量不多"的现象进行批评教育。上级主管部门的负责人上来就说："我今天找你们过来就是要告诉你们，由于你们的懒散，致使我们的生产速度大不如前，你们是我们部门的罪人，现在厂领导已经很生气了，祸是你们自己闯的，你们说现在该怎么办吧？"剑拔弩张的会场氛围一下子就形成了。主管领导不问青红皂白地一通发作，自己心里是痛快了，可是那些下属就会不痛快，谈话不能引起下属的共鸣，问题自然也就无法解决了。

情绪是一个人心理的外在表达。有时，我们可以通过观察参会者的情绪表现来判断与会者的心理。譬如，会议刚开始不久，有人就会把外套脱掉，或者是把自己袖口的扣子解开，这表明与会者对会议主题很感兴趣，会议的氛围让与会者感觉很是轻松愉快，会议可按既定目标和程序进行；倘若会议进行中有人不停地颤动双腿或者不断搓手，则表明与会者很不耐烦，会议主持者应当宣布休息片刻或改变会议形式；而如果有人双手抱头、东张西望，则表明他对会议议题不感兴趣；如果眼睛凝视桌面，则表明与会者在思考问题，会议主持者不必打乱他的思考，而应在片刻之后启发他发言，在这种情况下，极有可能得到高屋建瓴的主意和意见。

总之，不管是积极的与会者还是消极的参与者，只要主持者在讲话时能够学会"察言观色"，准确地掌握与会者的种种情绪表现，就能适时地调节会议气氛，采取恰当措施，提高会议质量，圆满地实现会议目标。

10. 会议结束时，该说什么和不该说什么？

不管做什么事情，最好善始善终，开会也不例外，成功的会议总结方式也很重要。"虎头蛇尾"会令与会者有草草收场之感，该明确的问题依然还是模模糊糊，该部署的任务仍旧没有落实，到会议结束，大家觉得无所适从，一切还像开会之前一样毫无改变，通过会议要收到的预想效果没有实现，白白浪费时间做了无用功。

若是主持者能够作好会议的结束总结，就可以够达到画龙点睛的效果。这样不但能加强与会者的记忆、统一大家的认识、调动整体情绪，而且还能提高会议讨论的质量，巩固业已取得的会议成效。

可以用归纳总结的方法，加深与会者的印象。比如："通过刚才的会议，我们学习了×××文件，从中我们得出……结论，领会了……精神。今后，我们要按照……方向勇往直前，大显身手！"

以上是最常见和最简单的总结方式，清楚易懂，能够给大家提供有效地指导。

但是一次会议不可能将所有问题都解决完，因此可以在会议结束时提出下次需要解决的问题，作为下次会议的铺垫。

比如，"今天大家提出不少问题，其中'为什么拜金主义之风屡禁不止？'提得很及时也很深刻，但是由于时间的关系，我们没有充分讨论。但是要求大家会后广泛收集材料，深入思考，以便下开会的时候我们再议。"

这样一来，我们不但可以解决原有问题，还可以探索发现新的问题，使工作更加深入、细致、有成效。

选择符合会议气氛和参加者的心理总结方式，或以豪言壮语鼓舞人心；或将心比心笃定信念；或言辞激昂针砭时弊。种种方法都可以强化会议精神，使与会者心升共鸣。

在一次救灾总结讨论会上，主持人最后说："世上总是好人多，天灾无情人间有爱，在这次抢险救灾中，全社会体现了一方有难，八方支援；一家受灾，千家关怀的社会主义高尚道德。通过这次事迹报告会，优秀代表谈了许多感人的事迹，使我们的思想得到了提升。希望这种精神进一步得到发扬，祝愿我们的社会更加美好！同志们，希望大家都能有所启发和触动，谢谢大家的参与，散会！"

会议结束时下达指令，分配任务，一般能令与会者心甘情愿地接受，并在会后立即付诸行动。毕竟会议就是研讨问题、化解分歧、统一思想、解决问题的过程。与会者对现状有了深刻、清晰地认识，就会积极地参与到问题的解决中来，这样就容易达成一致的意见，对会议精神的领会吸收自然就变被动为主动了。这个时候，会议的主持人在总结的时候就要当机立断，不能含糊不清，支支吾吾。要记住，自己才是上级，决策是要由你来做的，不要给下属留下犹豫不决、优柔寡断的印象，那样只能让人觉得你无能。

一些上级喜欢在会议结束时说些"你好我好，大家都好"之类的话，以为这样就维护了上下和气的团结局面；或是夸大其词，说什么开了一次团结的会、胜利的会，上下一致，绝无二心；或是动辄上纲上线，发一通什么对组织的前途命运具有决定意义之类的陈词滥调，这些只会让人觉得你不实事求是，招致反感，久而久之，对浮夸之风推波助澜，不利于好的会风的形成。其实，在总结时只要从实际出发，有成绩讲成绩，有问题讲问题，不但不会破坏组织团结，还会唤起成员的责任感、使命感，关心组织的存亡发展，形成更为强大的凝聚力。

因此，好的会议总结要结合具体的会议主题，针对具体要解决的实际问题，提出明确的解决方案，要有清楚的结论，这样才能给下属工作指定明确的方向，树立明确的目标。

第二章　当众演讲时的口才技巧及实例

——做一个成功的发言者

1. 演讲时，如何用幽默调动听众情绪？

生活中，幽默的人是最受欢迎的。演讲也是如此，相对于一个严肃的演讲者来说，一个幽默的演讲者更容易博得听众的共鸣，激发听众的情感，获得听众的心声。

那种气氛过于严肃、内容过于单调的演讲是难以获得大家好评的。

要想成为一个成功的演讲者，要学会在演讲中穿插一些趣闻轶事、幽默笑话等方面的内容，这些元素的添加不但能够使演讲的观点形象生动，给听众留下深刻的印象，还能调动现场气氛，振作听众精神，使听众的注意力集中于演讲本身。与此同时，还能给听众带来欢乐，让会场充满笑声，使听众更喜欢和信任演讲者。

那么，怎样才能习得这样一身演讲的本领呢？

你可以用一个相关的笑话作为演讲的引子，或者从一件事情的本身发掘笑点，从而衍生出一系列笑料。

在演讲中，为了增强演讲效果，加深听众印象，可以穿插现成的幽默语言。但穿插时要注意，穿插进来的内容要与话题有一定的相关性，应能起到说明、交代、补充的作用，切不可画蛇添足，喧宾夺主。

还要注意一点，在穿插时要把握适当的速度，慢了不行，过犹不及也不行，一定要把握好度的问题，把时间控制得恰到好处。

另外，演讲者还可以就地取材，可将日常生活中那些富有特点的人或事注入幽默的因素，使之成为推进演讲时得心应手的材料，以博听众一笑。

丘吉尔某次登台后声称："只有两件事比餐后的演讲更困难：一件是去爬一堵倒向你这一边的墙；另一件是去吻一位倒向另一边的女孩。"

演讲者也可以以现代的语言表述古代的事情，或者用古代的语言对现代的事情进行解说，也可以收到意想不到的效果。

比如，在谈到消费时代的特征时，你可以来一句："虽然慈禧太后骄奢淫逸，但她从来不吸万宝路，不喝雀巢咖啡，也不看外国大片。"涉及文凭、职称的问题时，可以说："孔夫子一没文凭，二没职称，但他在杏坛办学习班，培养了不少哲学、伦理学、教育学的高材生。"

演讲者还可通过自身的生活经验，把大家都有同感的事例作为演讲的"楔子"。

某作家在向一个政治团体发表演说时，就恰当地采取了下面的幽默，收到了听众强烈的反响：

"主席，各位女士先生们：我年轻时，曾在印度作记者，专门为一家报社报道犯罪新闻。这是非常有意思的工作，因为从中我认识了一些骗子、拐骗公款者、谋杀犯以及一些极有进取精神的正人君子。（听众大笑）有时候，当我报道了他们被审的经过后，会去监狱看看这些正在服刑的老朋友们。（听众大笑）我记得当中有一个人，犯谋杀罪被判了无期徒刑。这是一个非常聪明、说话温和且很有条理的家伙，他把自己称为自己'生活的教训'，并告诉我他的反思。他说:'就我自己的例子来看:一个人一旦做了不诚实的事,就难以自拔,会一件接一件把不诚实的事一直做下去。直到最后,他会发现,他必须把某人除掉,才能使自己恢复正直。'(听众大笑)哈,目前的内阁正是这种情况。"(听众欢呼)

这段讲话没有向大家平铺直叙地讲述当时的经历,而是为即将进入的政治话题做了一个幽默的事前铺成工作,从而达到与听众进行良好沟通的目的。

从上面可以看出,幽默的确是演讲时的一把利器,在演讲时要学会适当地运用这把看不见的利器。

2. 简洁的演讲,该如何准备?

判断演讲者演讲是否成功及其成功程度的标准不是演讲的长度,也不是演讲者本人表达欲的满足程度,而是演讲对履行工作职责和达成工作目标的成效,因此,一般的说,演讲以简短适度为妙。

由于不大容易记住,所以长篇大论不大适用于演讲。硬要这样做,就会把长篇大论变成既无法充分表达,又不能很好地与听众群体交流的"捧读"。要改变这种状况,使演讲在现场效果和达成演讲者工作目标上"双丰收",历史上最为成功的演讲都表明,还是以简短为妙!

演讲对听众群体的影响主要表现在他们对演讲内容的把握上,那么在演讲者演讲中,对演讲内容进行长篇大论的具体阐述,也就不一定是十分必要的了。这已为无数著名的历史事实所证明。

被美国人公认为建国 200 多年来最伟大的总统的林肯先生,他在葛底斯堡国家烈士公墓落成典礼上的著名演讲,就是十分简短的。美国南北战争中的葛底斯堡战役发生在 1862 年 7 月，在 17 万大军的激战之后，战场上留下了 7000 具尸体。暑气蒸人，尸体迅速腐化，埋葬队不得不加紧工作，以至常常只在尸体上面盖一点土就算完事。一阵大雨过后，许多尸体又半露在外，当局只好另行改葬。第二年秋天，即 1863 年秋天，公墓委员会决定举行一场对得起牺牲者的神圣仪式，为此，他们邀请了哈佛大学校长、著名的演讲家埃弗雷特举行演讲。在埃氏讲了两个小时之后，林肯总统发表了这篇不到两分钟的演讲。这篇演讲仅有十句，以至听众群体感到演讲刚刚开始，发言者却已经戛然而止。当时，甚至当一位摄影师架起他那架原始型的照相机并在对准焦距之前，林肯就已经坐下，结束了他的演讲。

在这次庄严的演讲活动中，哈佛大学校长埃弗雷特作为一名著名的演讲家，作为应邀演讲的特别嘉宾，却犯了一个不应有的"低级错误"，这就是，他讲了两个小时，他讲得实在太长了。而林肯之所以大获成功，一个重要的原因就在于他的演讲非常简短，收到了言有进而意无穷的效果。

就是这样一篇演讲，这十句不朽嘉言，直到今天，到了美国历史上这场著名的南北战争都已经差不多被人淡忘的时候，仍被尊为古今中外演讲者演讲的荣耀和财宝，以其史诗般的壮丽和深情，成为人类演讲史上最耀眼的明珠。这十句近乎神圣的语句，最后全文都被镌刻在一块不会腐朽的铜板上，作为演讲词的典范，陈列于牛津大学的图书馆。事实上也正是如此，简短对于演讲的妙处甚至是无需论证的。这一点，凡是富有开大会、开长会经验的中国人，恐怕都会欣然同意。

从听众群体这方面来说，演讲中的长篇大论有个不容易记住具体内容的问题；从演讲者这方面来说，同样有个不容易记住长篇大论的具体内容的问题。所以在各种各样的大会和长会上，演讲者的长篇演讲，就都不得不变成"捧读"了。有的时候，这种平淡的、缺乏内心信念和激情支持的"捧读"，甚至会持续几个小时，直到所有水壶中的开水都被喝光了还不结束，以至于台上台下备受煎熬。

3. 要吸引听众的注意，演讲开始时可以采用哪些演讲策略？

俗话说："万事开头难。"演讲亦如此。好的开头等于成功的一半，演讲的开头在整个演讲中处于重要的地位。演讲伊始，演讲者首先要表达自己演讲的主题，让听众心中有数；另一方面，好的开头还能吸引听众的注意力，调动听众的兴致。也就是说演讲开始时要注意开头的新和奇。但是，新奇不等于搞怪，不等于故弄玄虚、胡乱修饰，也不等于毫无章法地堆砌拼凑。否则就会弄巧成拙、事与愿违，让听众反感。

有人说，好的演讲开头，五秒钟之内就要抓住听众的注意力。但是，要想一直保持这种吸引力，不是一件容易的事。但是一开始连这种吸引力也没有的话，那么之后就是花九牛二虎之力，也难以把听众的兴趣拉回来。由此看出，演讲开头是何等重要。下面是一则精彩的演讲开头。

"上世纪，伦敦出版了一本不朽的小说，很多人都称其为全球最伟大的一本小说。小说刚出版的时候，市民之间见面打招呼都这样问："你读过这本书了吗？"答案基本都是"是的，我已读过了。"这本书出版的第一天，就销售了1000本，两周内更是高达15000本。之后再版数次，译本数种。几年前，一位银行家更是以连城的价值，获得了这本书的手稿，现在这本原稿就陈列在纽约市美术馆。"

这段开头是很成功的，因为开始就吸引住了观众的注意，逐渐调动了观众的好奇心，在听众迫不及待的时候，演说者才揭开谜底——"这一部世界名著是什么呢？就是狄更斯的《圣诞欢歌》。"

每个人都有好奇心，见到或是听到一些离奇的人或事总是想一探究竟。因此，针对人们的这种心理，作为一个演讲者，可以在演讲的时候适当地设置一些悬念，来吸引大家的注意力，如："你知道吗？人可以与海豚对话。"像这样的问题会快速引起听众的兴趣，接下来听众才会对你的演讲报以认真的态度。

为了让开头吸引人，还另有一个较好的办法，我们可以把一些实物向听众展示，像模型、图片、物件等。但是选择的实物要放在让观众很容易看得见的地方，不然的话，听众人就会因为看不见而发生场上的争论，给会场的执秩序造成很大的混乱。例如，鞋厂作推销鞋的演讲宣传时，就可以把本公司生产的鞋和宣传资料等一些实物展示在公众面前，这样自然会引起听众强烈的兴趣。

有的时候，为了让听众积极参与到演讲中来，演讲者可以适时地提几个问题，让听众一起思考，这样就能引导听众进入共同的思维空间。然后，再适时地把自己的意见讲出来，这样就可以让听众的思路一直紧跟着你，自然可以其专心地听你说下去。

1854年7月4日，美国纽约的罗彻斯特市举行国庆节庆祝大会，著名的废奴主义者道格拉斯在会上发表了批判种族主义的演说，他的演说就是用提问式开始的。"公民们，请原谅，让我来提出一个问题，为什么今天请我到这里发表演说？你们的国家独立日，对于我有什么好处？跟我又有什么关系？难道《独立宣言》载明的政治自由和自由平等原则，也适用于我们吗？因此，是不是请我来把我们的劣等民族送上民族的祭坛，以及为了从你们的独立而导致我们独立的幸福，请我来承认得到裨益并表达衷心感谢呢？"

经过一番提问式的开头，强烈地吸引住了听众的注意力，听众都聚精会神地听道格拉斯的演讲。接下来，道格拉斯就开始披露美国目前仍然还残存着种族歧视的黑暗制度，用无可辩驳的事实和科学根据驳倒了"黑人不属于人种"的谬论，演讲获得了极大的反响。

有些情况下，演讲者已经准备好了一段适当的演讲开头，但是突如其来的意外情况导致原本的这段开头已不再合适。这时，演讲者不妨大胆地结合实际场景，作一段即兴的开头。如此一来，演说者的讲话既可以与现场气氛紧密联系在一起，又能引起听众强烈的共鸣。

有一天，高尔基应邀到一个会议上发言，当高尔基的名字传入听众的耳中时，引起了现场长时间热烈地鼓掌与欢呼。如此热烈而又真诚的欢迎让高尔基内心澎湃，他立马决定放弃原来事先准备好的开场白，应着眼前的情景开始了他的讲话——"若是把花在鼓掌上面的全部时间累加起来，时间就浪费得太多了。"此时，台下又传来一片愉快的笑声。

这个开头十分出彩，既对现场的情景做了恰当的解说，使大家感到亲切，又表现了高尔基的谦逊和幽默，不但激活了现场的气氛，而且还为接下来的演讲打下了很好的基础。

"万事开头难"，演讲的开头也一样。所以，当登上演讲台之前，为了达到一呼百应的效果，一定要配给演讲一个精彩的开头。

4. 竞聘时，讲话有什么艺术？

戴尔·卡耐基说过："不要怕推销自己。只要你认为自己有才华，你就应该认为自己有资格担任这个或那个职务。"对大多数人来说，无论是在学习还是工作当中，都有过竞聘演讲的经历。

竞聘演讲具有口语性、群众性、时限性、临场性、交流性等演讲的一般特点，也是演讲的一种形式。对于竞聘者来说，最能决定竞聘胜负的重要环节之一就是演讲，竞聘演讲是竞聘中最能展示竞聘者语言艺术的地方，也是其自身综合素质的一种体现，所以竞聘者在竞聘时，要注意掌握并学会运用合适的演讲技巧，提高竞聘成功的可能性。那么，我们要注意哪些竞聘的演讲技巧呢？

首先，主题要具有集中性。这就是说，在表达意思时，必须突出一个重点，围绕一个中心，而不要搞多重点、多中心，不能企图在一篇演讲中解决和说明很多问题。

在一次中学校长竞聘演讲会上，一位资深的老校长由于自己的经历太过丰富，演讲内容谈得太面面俱到而让人无所适从，最后落选。他在介绍自己时，大肆宣扬了自己前半生如何艰苦奋斗，不惧困难，而在谈论自己以往取得的成绩时，又将自己所获的众多奖项一一罗列，而不管这些奖励是不是和当校长有关。他的这场竞聘演讲稿的像是一场事迹报告会。在说具体的工作措施时，这位资深专家又从如何抓学生的德智体美劳到如何开办校办工厂，提高教职工福利；从如何管理教务工作，到如何关心教工生活，其措施几乎是"全方位、多角度、宽视野"的。可是从整体上看，立意分散，没有重点，让人听后有一种不知所云的感觉，不清楚他到底要表达什么。相比之下，另一位年轻的女教师，只围绕"如何把学校教学水平搞上去"这一中心问题来讲，讲得深入浅出，有理有据，受到了评委的一致好评，结果竞聘成功。

因此，在作竞聘演讲时，一定要"立主题"、"减头绪"、"镜头高度聚焦"，这样才能在听众心中燃起共鸣之火。

其次，在为演讲选取材料时要注重材料的实用性。即是说所选材料既是符合自己实际需要的，又是可以突出自己的竞争优势的。换句话说就是无论讲自己所具备的条件还是谈任职后的"构想"，都要从自我出发、从客观事实出发。竞聘演讲虽然是演讲，但落脚点是"竞争"，并不是谁的嘴最

看准场合说对话

能构建"宏伟蓝图"，与其讲一些观众不买账的大话、空话和套话，不如发自肺腑地谈一些问题，只有从听众切身出发，只有演讲发乎情，才能引起听众的共鸣，才是富有感染力的演讲。有人在竞聘厂长的演讲中说了这么一段感人至深的话：

"恕我直言，我没有那么大的本事能够让你们迅速暴富，大幅度地上调你们的工资，增加你们的奖金和津贴，我能做到的只有也只能是：第一，诚恳地倾听你们的诉求，热忱地采纳和吸取你们的合理建议。我准备成立一个由新老工人以及技术人员组成的'智囊团'，让大家策划优良的改革方案和科学的管理举措。第二，现在咱厂瘫痪的最主要原因是外欠款不能及时到账。我要是当了厂长，一方面我会诉求于法律，用正当的方法来维护我们厂的权益；另一方面我会设立奖励制度，对于那些及时带回货款的优秀业务员提供丰厚奖励。奖励金额当面点清，绝不拖欠。第三，咱们厂目前还有一件火烧眉毛的事就是推销积压产品。而这么大的工作任务需要我们全体职工的参与，我们要把专业业务员和业余推销员结合起来，按效益提成。第四，在拓展销路的同时，我们还需要扩大生产，即使是在资金短缺的情况下，我们也要让工厂的机器转起来，只有机器转起来了，我们的发展才会有希望。我先拿出准备拿出2万元进行集资入股，到时按股分红。第五，在工厂赢利之前，我不会拿工资。赢利之后，我的工资和奖金也只要平均工资，不会给自己搞特权。我当厂长只有一个心愿，那就是和全厂兄弟姐妹们一起，让咱们厂起死回生，扭亏为盈！如果我在两年的任期内没有解决这个问题，我会主动下台。最后，我要说一下大家都很关注的一个问题，那就是为个人谋私利，贪污腐败。本人平生最恨的就是贪污腐败，我要是当厂长，保证秉持捧着一颗心来，不带半根草去的原则，随时欢迎大家的监督和指认。"

你认为结果会怎样呢？显然，他从实际情况出发，句句都说在下属的心坎上，当选厂长是理所当然的。

最后，竞聘演讲的结尾处，要表达意愿，突出真情，借以表达竞聘者的意愿。此时，竞聘者应以情动人，以简洁朴实的语言，表达自己获取职位的真切愿望，不能过分夸张虚饰，给人矫揉造作之感。只有这样，才能博得现场上级和评委的好感，为自己竞聘的成功画上圆满的句号。

一位竞聘者在竞聘某市医院外科主任医师时这样讲道：

"尊敬的院上级、各位评委，我是一个生长在大山里的农家女儿，能够读到医科大学毕业，与社会的关怀和学校老师的精心培养分不开。我真诚地希望能有一个回报国家和社会的机会和平台。能够让我用自己的知识和能力为患者解除病痛，给千千万万的家庭送去健康和幸福！谢谢大家！"

这位竞聘者首先讲述自己家庭生活的不易和求学之路的艰难，接着表达自己回报学校和社会的心愿。面对如此真诚的竞聘者，恐怕现场所有的上级和评委都会为她的真情打动，因为他们需要的就是这样具有强烈事业心和责任感的人才。

言而总之，首次参加竞聘的人员在演讲时只要调整好竞聘心态，掌握一定的、必要的演讲方法，就能够得到应聘单位上级和评委的认同和赏识，最终能获得竞聘的成功。

5. 即兴演讲时，该如何发挥才能做到从容潇洒？

作为上级，常常会被邀请列席各种会议，而且有的会议可能还需要上去发言。事先要求的话，可以提前准备好发言稿，但有时你只是作为列席者或听众的身份出现在集会上，事先并没有想到要讲话，因此也没有提前做好准备，但主持人又临时邀请你出来讲话。倘若遇到这种情况，该怎么办呢？这就需要演讲者发挥一下自己即兴演讲的能力了。

简单地说，即兴演讲是发言者事先未做准备，在一特定场合之下，对当时的所见、所闻、所感等发表一下自己的切身感受。所以，即兴演讲者要学会在这看似随意但又有意的即兴演讲中有效地缩短与听众之间的心理距离，这对演讲是否成功有着重要的意义。

从表象来说，上级站在台上，与听众之间仅有几米之远，但事实上，他们之间的心理隔阂却要远远超过空间的距离，不是只有那几米而已。演讲也是交流的一种形式，它不单单是语言的交流，更是一种思想和情感的交流。演讲者即使用了最华丽的语言和最理性的思维，如果不能让人产生感情上的共鸣，那么演讲也不能算是成功的。如果发言者能使听者不但理解真理，而且能和自己一起感觉和享受真理，那么，发言者的妙语不仅能赢得听众热烈的鼓掌，就是很平淡的一颦、一笑、一举、一动都会引起他们心领神会，甚至突然领悟而欢呼。然而，倘若演讲者不懂得创造这种热烈的氛围，即使他能讲出一些富有哲理的巧言妙语，台下的听众也顶多是安静片刻，仍旧恢复到心不在焉的状态。这其中就是听众的心理原因在起作用。

经验告诉我们，倘若发言者不能采用有效的方法缩短他与听众之间的心理距离，无法与听众产生一种心理上的共鸣，就难以控制住台下的秩序，后续进行的演讲也很可能是失败的。

在适当的场合下，我们可以采用下面两种方法来与听众建立起良好的心理互动。首先，反其道而行之，利用你的精神优势把听众镇住，使听众产生一种紧张感，急于知道你下面要说的话的内容。但是这种方法的缺点就是效果只是暂时的，若是你仍然没有什么高论，就很容易被听众识破，让听众不免产生一种上当之感。其次，就是降低自己的优势感，以平和的态度面对听众，与其交流。这样听众会感觉到你是一个交易亲近的人，有利于在思想和情感上与你交流。采取这种风格的演讲时，我们不妨多融入一些幽默的元素。

1956年，当时的印尼总统苏加诺到清华大学演讲，在台下除清华大学的学生外，还有北大的学生，陪同的是外交部的领导。苏加诺是世界名人，步入清华时，学生队伍的秩序一度有些激动性的骚乱，在台上的领导因此有些不悦，会场气氛有点紧张。有经验的苏加诺总统当然看出来了。他在演讲一开头就说了两句题外话："我请诸君向前移动几步，我愿更靠近你们。"话一说完，学生队伍活跃了，很快往前移动了几步。接着苏加诺又说："我请诸君笑一笑，因为我们面临着光辉的未来。"学生们又轻松地笑了起来，气氛顿时变得十分和谐，一直持续到演讲成功结束。

还有一点要注意，就是演讲时演讲者的肢体语言，肢体语言对演讲效果也有很大的影响。日常生活或工作中，常会见到一些上级在演说之前频频地咳嗽或摇头扭体，这种失态的表现，不是故意做作就是准备不充分。这种行为既不雅观，又影响形象。不仅会分散听众的注意力，可能还会引起他们的反感。有时候听众的掌声还没有落下，有的演讲者就又开始了讲话，这也是对听众的不尊重。总之，演讲时要做到举止优雅，从容自如。

说到顺势穿插，就是要求演讲者在演讲事例之中顺势嵌入演讲的主题，寓理于事。因势利导时，重要的是注意延伸贴切，语言生动，说听众之所想，言听众之所需，将听众的心声说出来。只有代表听众的心理，才能产生好的演讲效果。但是，顺听众之势并不是说要做听众的尾巴，而是说要懂得利用听众的心理。所以在一定程度上来说，掌握一定的心理学知识，对演讲将会是大有裨益的。

作为上级，在演讲的整个进程中，若是能很好地注意到以上提到的这些问题，那么基本上能够保证他的演讲是成功的。

6. 上级演讲时，哪些话不宜多讲？

上级在大庭广众下进行的演讲，应该做到"弹无虚发"，不能允许哪一句话是可有可无的。

俗话说，"话过三遍淡如水"，"话多不甜"。这些话，说的都是同一个道理：与其说些没有效用或效用不大的话，倒不如少说甚至不说。有的上级很懂得写文章要"惜墨如金"，却往往忽略了上级演讲也要"惜声如金"。严格地说，在上级演讲中，能用一个音节达成语言效用的，就不要用一个以上的音节；能用一句话语达成语言效用的，就不要用一句以上的话语。写文章讲究"字惟期少，意惟期多"；上级的演讲，也应该用尽可能少的言语，达成尽可能多的语言效用。就此观之，在上级演讲中，要注意改进的地方就太多了。

某工厂的副厂长在为职工们作年终总结报告及点评。时值严冬，宽敞的会堂，疏落的听众，气氛本来就有点冷清，于是人们的脚就不那么安分，有的在轻轻地踩地，还有人一个接着一个地出去"方便"——这其实这是一种"用脚书写"的语言，这说明，听众群体对这场正在进行着的演讲都已经不胜其烦。而台上的上级呢，却似乎毫无所觉，还在一字一句地"捧读"，声音不高不低，态度不温不火。后来开饭的铃声响了，饭菜的香气又飘进来考验听众群体的耐心，于是他们踩脚的声音就更响了。这时候，演讲的上级心里大概也急了起来，说是只有不多的几句了，请大家安静、耐心……

此类的情景，恐怕大家都不是没有经历过吧？这样的语言，其效用会如何呢？这样的演讲，应该给它打几分呢？我们能不能为解决这样的问题找到一些妥善的办法呢？或者，在有了这样令人难堪的经验之后，这位演讲的上级是否从此就把演讲的控时问题认真解决了呢？在这样的情景中，上级是不是"不宜多讲"呢？

又如，在参观访问、开幕剪彩之类的场合中，在上级被邀请"讲几句"的情况下，我们的上级是否懂得礼仪性演讲必须娱人娱众且尽可能简短的道理呢？会不会就此口若悬河、滔滔不绝，甚至会很不慎重地对某些自己既不很懂也不很熟悉的事情妄加议论呢？到领导范围内的一些下属单位和部门去演讲，会不会情不自禁地居高临下，甚至会拿出那种有权"品评一切"的口吻去讲话呢？而且，如果真的对所品评的事情或对象有所研究且见解不俗的话，倒也罢了，遗憾的是有这种脾性的上级往往"声高胆大"，不怕说出贻笑大方的外行话来。

某教育厅副厅长到下属单位考察指导工作，一天，与陪同人员到了一大学实验室进行安全、卫生的检查工作。该教育厅厅长本是文科出身，对实验没有丝毫研究，可偏偏该副厅长却有着处处"指导点评"的习惯。此时正有一位同学在做实验，该副厅长为了表示一下关心同学，就和这位同学探讨起实验过程来。一会儿，这位同学要配制药品，可就是找不到需要的一种原料——尿素。该厅长眼疾嘴快："同学，你看这不是你要找的东西吗？你看不是就在你面前。"说着就把一瓶硫酸铵拿给该同学，"你看，尿素不就是硫酸铵嘛，怎么这么不细心呢。做实验一定要细心才能出成果嘛！……"诸如此类，把该同学和蔼地"教育"了一番。碍于该副厅长的情面，该同学也只好无奈地听着。

可想而知，该副厅长会给人留下一个什么样的印象。

总之，在上级演讲中，那些假话、大话、空话、套话、官话、口水话，都不仅无益且有碍于上级履行自身的职责和工作目标的达成，因而不仅不宜多讲，而且应该杜绝。那些违反党和国家的法规和方针政策的话，违反有关纪律和原则的话，违反道德和公共生活的常规的话，违反优秀民族传统和民情习俗的话，违情违理违礼的话，没有把握的话，不符合听众群体心意愿望的话；那些教条主义、主观主义、宗派主义的话，那些空洞抽象的宏论高调，一切无助于上级更好地履行自身职责和达成工作目标的话，都不仅"不宜多讲"，而且应该杜绝。

7. 演讲时面对责难，该怎么办？

有时，演讲者若是说了过激的话，难免会与听众发生冲突，遭遇听众的责难；还有时，演讲者提出的一些新的看法，若是听众不明白或当面反对，提出一些出乎意料的棘手问题，会让演讲者一时下不来台。上述的这些情况都属于对演讲者或善意或恶意的责难。那么，面对这些责难，演讲者该如何处理呢？鉴于上述情况，对不同的责难动机，也必须采取不同的处理方式。

若面对的责难是善意的，演讲者就应据实以告，切忌打马虎眼、说官话。只需要认真地阐述自己的观点，若是听众有新的合理想法，可以保留或是求同存异。总之，只要听众的问题不涉及私人秘密和触犯法律及社会道德底线，可以在最大的限度内如实相告。若是一味地哼哼哈哈、支支吾吾，只会让听众产生强烈的反感。

有一位宣传部长在宣讲时事政策时，一位工人站起来问道："你老讲形势好，为什么全国到处都在下岗？"这位部长就说："下岗是社会发展的正常现象，现在一些地方、部门人浮于事，没事做，而一些地方、部门又事多等人做，这正常吗？一个工厂技术落后、设备陈旧，产品没市场，大家都发不出工资，还不如让一些人下岗转行，去干社会需要的事。这样，既满足了社会的需求，大家又都有钱可挣，不比要死不活地吊着好吗？"

若是面对的责难是恶意的，此时，就需要演讲者以其人之道，还治其人之身，严厉制止住这种恶意的挑衅。采取的手段不拘一格，或反唇相讥，或以牙还牙，或幽默风趣。最终的目的就是坚决不能让其企图得逞。倘若演讲者对这种挑衅行为不闻不问、严词拒绝，亦或是独自生闷气、离开等，都不是明智之举。这样只会是挑衅者更加肆无忌惮，混淆其他听众的视听，更会有损自己的形象，导致整个演讲的失败和人格的受辱。

前苏联诗人马雅可夫斯基一次在莫斯科演讲，猛烈抨击时弊和庸俗文人的行径，致使某些感到"冤屈"的人骚动起来。有个家伙企图中伤马雅可夫斯基，喊道："您讲的笑话我不懂。"马雅可夫斯基幽默地说："你莫非是长颈鹿？只有长颈鹿才可能星期一浸湿的脚，到星期六才感到哪！"听到这话，那家伙暴跳如雷，大声嚷道："我说马雅可夫斯基，您怎么把我们大家都当成白痴啦？"马雅可夫斯基故作惊异地回答："哎，您这是什么话？怎么是大家呢？我面前看到只有一个人……"就这样，马雅可夫斯基以幽默的语言、辛辣的讽刺，制服了别有用心的破坏者，扭转了演讲的被动局面，最终赢得了广大听众的热烈掌声。

8. 演讲时，为避免冷场，讲话有何技巧？

冷场，也许是所有经常演讲的人都曾遭遇过的，那种尴尬的场面让很多人事后回想起来，还觉得有些不是滋味。在许多人看来，冷场是对演讲者水平的否定，至少是对其这场演讲的否定，而且这种沉默无声的否定，甚至比大声训斥和嘲笑更能打击演讲者的自信。因此，冷场是每个即将走上讲台的人都必须有所防范和有心理准备的事情。

我们应该清楚，在演讲过程中出现冷场，并不是一种恶意行为，通常只是因为注意力分散或打不起精神，而表现出一些与演讲者不配合的行为，如看书、睡觉、交头接耳、坐立不安等。演讲者虽不可任其发展，更不能出言训斥。而应仔细分析自身原因，采取相应的解决措施。造成冷场的因素有很多，包括内容太长、太抽象、太空泛，表达过程过于拘谨呆板，演讲速度太快或者太慢，演讲语言含混、吐词不清等。因此，刺激听众的兴奋神经，引起听众的兴趣，是解决冷场的最好办法。

实际经验表明，为了避免冷场的发生，上级在演讲中应掌握以下方法。

首先，可以尝试一下让发言尽量简短一些。事实证明，一个人发言越短显得越干练，效果就越好。而在双方相互交谈中，任何一方都要注意不要使讲话变成个人的发言，要给双方都留下说话的时间和机会。一时讲不完可以等对方有所反应后再接着讲。

其次，还可以变换话题，讲还一些轶闻趣事。这样既可以让听众作短暂的休息，调节一下情绪，还可以活跃一下气氛，让听众有更大的热情面对后续的演讲。但是，演讲者不要只是单纯为了讲趣事而讲趣事，仍要适时回到原有主题上来。倘若是双方的交流，话题的变换是不定的，应根据现场情况随时进行。

有一次，孙中山在广东大学（今中山大学）作一个关于民族主义的演讲，当时会场小，人多且天气很热，许多人都没精打采。这时，孙中山便穿插了一个故事："那年我在香港读书时，看见许多苦力工人聚在一起谈得很起劲，听得人哈哈大笑。我觉得奇怪，便走上前去。有一个苦力说：'后生哥！读书好了，知道我们的事于你无益。'又一个告诉我，他们当中一个行家，牢牢记住那马票上面的号码，把它藏在日常用来挑东西的竹竿里。等到开奖，竟真的中了头奖，他欢喜万分，以为领奖后可以买洋房、做生意，这一生也不用这根挑东西的竿子过生活了，就把竹竿狠狠地扔到海里。不消说，连那张马票也一起丢了。因为钱没有到手先丢了竹竿，结果是空欢喜一场。"

孙中山这番风趣的话，引来台下响起了一片笑声，那些原本打瞌睡的人也来了精神。于是，孙中山言归正传："对于我们大多数人，民族主义就是这根竹竿，千万不能丢啊！"

可见，即使是孙中山这样的"大牌"也不可避免地在演讲中遇到冷场的情况，但是是孙中山善于应对，用一个生动风趣的故事活跃了气氛，同时还通过这个故事阐述了深刻的道理，可以说是应付冷场的典范。

此外，还要不忘对听众的赞美，这样可以引起听众心理上的共鸣。试想，如果听众发现演讲内容与自己没什么关系，肯定不感兴趣，那么冷场的发生就在所难免。然而，若是演讲者能采取适当的方法，来拉近与听众之间的心理距离，真诚地赞美听众，用入情入理的话语拨动听众的心弦，引起他们的共鸣，以使他们重又对演讲产生浓厚的兴趣，那么演讲时肯定会让每个听众全神贯注。最后，还可以尝试一下制造悬念，激发听众兴趣的方法。悬念能够引起听众们的好奇，使其积极地参与到演讲中来。所以，在演讲中要善于适时制造悬念，这样可以有效地吸引听众的注意力，使演讲者的真正要表达的意思得到更好的传播。如果演讲者一度遇到冷场，人心涣散，各忙各事，这时适时地制造一两个悬念，不失为一种重新凝聚人心的非常有效的办法。

有一次，普列汉诺夫在日内瓦做关于"无产阶级与农民"的演讲，开始时会场乱哄哄的，演讲几乎不能继续下去了。这时，普列汉诺夫干脆终止了讲话，只见他双手交叉在胸前，目光嘲笑地扫视着整个会场。当台下逐渐平静了些，他大声说："如果我们也想用这种武器同你们斗争的话，我们来时就会——（他停顿了一下，大家以为他会说，带着炸弹、武器、棍棒，然而他说出的话却出人意料），我们来时就会带着冷若冰霜的美女。"此语一出，整个会场笑声一片，甚至连一些反对者也笑了起来。普列汉诺夫见时机已到，话头一转，又重新回到了演讲的正题上。

上述这些方法在一定程度上自然可以起到一定的作用，但是倘若在冷场时上面的方法全部试过还是不奏效，那么再强制性的救场也显得毫无意义，与其如此，还不如直接结束的好。因为到了这个程度，说明这次演讲确实是没有必要的。

9. 演讲时面对起哄，该如何做？

好的演讲自然会赢得听众由衷的欢呼喝彩，但是并不是每个演讲都能保证是成功的。我们可能有过这样的经历，被强制性作为听众要求去听某个人物的演讲，面对那些冗长难以忍受的空泛的演讲时，难免是上面开大会，听众开小会。到了最后甚至会出现喧哗、嘲笑、喝倒彩等哄场行为。

哄场也称之为搅场。造成哄场也是有不同的原因的，或是个别听众与演讲者本身就有矛盾，来听讲纯粹是来找麻烦；或是演讲者的演讲水平不高甚至出错，造成听众对其演讲根本不感兴趣，出现不配合的现象，台下一片混乱；亦或是演讲的内容太过专业，而演讲者又不善于将专业的知识简单化、形象化，以至于对听众来说，根本就是一头雾水，时间一久简直是一种折磨，产生哄场也就在所难免。

遇到哄场，最好有发言人自己去掌控。尽快使形势恢复到可控的范围内，自己愤而退场，或是任其发展、不闻不问等，都不是最终解决问题的办法。那样做，只会让人以为演讲者容易对付，反而助长其嚣张的气焰，产生的负面效果可能会更大，并且这也是对演讲者的不尊重，作为演讲者岂能坐视不理？所以，演讲者必须主动控制哄场，迅速判断产生问题的根源在哪儿，果断地采取行动。因为只有分清事情的真正起因，才能采取应相应的策略，收到最佳的效果。

如果是上文中提到的听众中有刻意寻衅滋事的人，那么演讲者可以抱着坚定的立场，不理会那些挑衅者，让其自行消遁。

林肯第一次竞选总统时，有一次到纽约演讲。到达目的地时，当地媒体已经刊登了许多对他有攻击性的文章。等到他登台时，尚未开口，听众席中就爆发出阵阵嘲笑，起哄之声也是此起彼伏。演讲开始还没一会儿，现场就陷入失控状态，一片混乱，更有一些反对党人高声嚷着让他滚下台去。但是林肯岿然不动，非常镇静地按先前的准备有条不紊地讲下去。渐渐地，现场安静了下来，观众们被林肯的演讲征服了，听得都十分的投入。接下来，当地的媒体纷纷发表文章对林肯的演讲表示赞扬。

倘若是上文中提到的由于演讲者讲话时意外出错，那么演讲者就应该抱着谦虚谨慎的态度，"当即纠正"或用"借错为靶"的方法化解错误，避免尴尬。"当即纠正"时，我们可以暂不理会错误的说法，先将对的表达方式再说一遍。这样做固然是纠正了错误，但是却露出了破绽，让别人看见了演讲者的不足，给人以不好的印象，在内容上还会出现重复。更好的做法是"借错为靶"，将已经讲出的错话当作批判的靶子，进行批驳，这样就很自然地把话题引入正确的主题上来。这种方法不露痕迹，有时还会收到意想不到的效果。

10. 成功的演讲，需要一个什么样的结尾？

有一句俗语，叫"编筐编篓，全在收口"。一次成功的演讲，必离不开一个成功的结尾。因此，如何在结尾处把演讲推向高潮，使听众受到强烈的感染，是一个不可忽视的大问题。

无论上级作权力性还是非权力性的演讲，结尾都是整个演讲中十分重要的"结论"部分。尤其是结论中所涉及的对具体人事安排的评价和判断，出于上级之口，更要慎重准确，不可有一丝差池。所以上级演讲的结尾非常重要，是整个演讲的"压台戏"，用名人名言以示"英雄所见略同"也好，用富于鼓动性的呼号式结尾也好，用幽默而有余味的方式，或用赞扬听众群体的方式……上级的演讲无论用什么具体的结尾方式，都应该逐字逐句地加以认真的准备。而为了便于听众的接受和记忆，上级演讲的结尾还应该简短明了，以便在听众脑中留下鲜明印象。

哈佛大学演讲大师乔治·威廉说过："当你说再见时，要使他们脸上带着笑容。"

一般来说，演讲时赢得了笑容也就赢得了成功。当你用幽默诙谐或是铿锵有力的语调亦或是简洁明快的风格俘获听众的笑声，给其以意犹未尽之感时，那么你的演讲将会是极其成功的。倘若恰好演讲的场合是在宴会或其他娱乐性的聚会上，而演讲又被安排在聚会即将结束的时候进行时，那么，幽默的、戏剧性的结尾更能让人精神得到鼓舞，同时演讲者也会留给人更加深刻的印象。

总体来说，一个演讲者在演讲过程中和结束时能够不断赢得听众的笑声，不但是自己演讲技巧十分成熟的表现，也能使听众感到不虚此行，有所乐，更有所得，最终心满意足地乘兴而来满载而去。当然，这也是演讲获得圆满成功的标志。

著名作家老舍就是一个很幽默的人。有一次，在演讲的时候，开头就说到："我今天给大家谈六个问题。"接着就一条一条地讲了下去，等到讲到最后一条时，看到时间快不够用了，于是他就提高了嗓门，一本正经地说："第六，散会。"听众开始还没反应过来，但转瞬就欢快地鼓起掌来。

老舍先生在这里运用的就是一种"于无声处起惊雷"的语言艺术，不限于一般常见的演讲内容，从而出乎听众的意料，起到了诙谐幽默的效果。

同样，鲁迅先生也是一个懂得如何进行演讲收尾的高手。他在一次关于艺术的演讲结束时说："以上是我近年来对于美术界观察所得几点意见。今天我带来一幅中国五千年文化的结晶，请大家欣赏欣赏。"边说边把手伸进了长袍，一卷纸缓缓地冒出头来，打开一看，原来是一张病态百出的月份牌。顿时，全场爆笑。

　　鲁迅先生运用道具进行了恰如其分地解说，与结束语形成了鲜明的对比，不但思想深刻，也不失幽默感。最终，演讲在欢快的氛围中结束，观众也在愉快的笑声中领略到了鲁迅先生演讲的深意。

　　毛泽东也是一位善于演讲的大家。在延安的一次演讲中，临到结束时，毛泽东拿出一盒香烟，用手指慢慢地在里面摸，但是掏了半天也没掏出一支来，明显是已经抽光了。身边的相关人员非常着急，因为毛泽东的烟瘾非常大，于是赶紧跑去拿烟。此时，毛泽东仍然是一边讲，一边不停地在烟盒里摸索，过了好一会儿，他笑嘻嘻地掏出仅有的一支烟，夹在手指上举起来，对着大家说："最后一条！"

　　毛泽东的"最后一条"，一语双关。一方面是下面要说的是最后一个问题，另一方面是说最后一支烟。一语双关，妙趣横生，引得全场大笑。

第三章　与下属沟通时的口才技巧及实例
——做一个让下属信服的上级

1. 哪些表扬的话，下属听着最受鼓舞?

　　一个人发展的需要是全方位的,不单是物质方面的,还包括精神层面的,例如名誉、地位等。在公司或是单位里面,人们都能够尽职尽责地做好自己的份内工作,每个人都在意上级的评价,因此上级的赞扬对于下属来说无疑是一份很大的奖赏。

　　常言道:重赏之下,必有勇夫。要知道,即使是上级不经意间的一句赞扬,就可以满足下属的荣誉感和成就感,激励其更加努力地在自己的岗位上工作。

　　每个人都有荣誉感。上级对下属的奖励并不仅限于在物质,况且下属的某些优点和长处用物质进行奖励也不太合适。相比之下,上级寥寥几句表扬的话既能让下属感到由衷的高兴,又不会有用物质进行奖励所带来的种种不便。若是能来个当众表扬,那更能让下属觉得受用,远比些许的物质奖励来得高兴。

倘若在下属认真地完成了一项工作并且取得了一些成绩的时候，向你汇报时，他有可能表面上会装得毫不在意，但内心深处却在等待着你的一番由衷的肯定，这时作为上级，要是没有给予及时的赞扬，或只是淡淡的一句"还不错"，势必会挫伤下属的积极性。长久如此，下属会认为，干与不干反正没什么差别，我又何必要白白地拼了命地苦干呢？

要知道上级的简单的几句表扬可以让下属鼓足劲头，而一顿批评就可能让下属在很长一段时间情绪低落，工作毫无劲头。这就是为什么同一个人在不同的上级手下干活时，表现截然不同。好下属就像鞋子一样，看穿在谁的脚上。好的上级爱惜这双鞋子，那这双鞋就会经久耐用，长久如新；不懂得爱惜这双鞋子的上级，那这双鞋子没穿多久，使用寿命有可能就到头了。

魏征原先侍奉皇太子李建成，因为敢于进谏而不受李建成的欢迎，李建成不仅对他的建议漠然置之，有时候还批评他。

李世民掌权后，很器重魏征，为了鼓励魏征敢于直言进谏，唐太宗李世民每次都很虚心地听他献策，并经常赞扬他敢说真话、说实话。一次唐太宗赞扬魏征道："夫以铜为镜，可以正衣冠；以古为镜，可以知兴替；以人为镜，可以明得失。我以你这样的良臣为镜，也就不糊涂，少做错事了。"在唐太宗的赞扬和鼓励之下，魏征至诚奉国，真是喜逢知己之主，竭尽所能，知无不言，先后共陈言进谏二百多件事。后来，魏征怕仅凭进谏参政议政引祸上身，便想借目疾为由辞职修养，唐太宗为挽留这位千载难逢的良臣，极力赞扬了魏征的敢于进谏，表达了自己的赏识之情，道："您没见山中的金矿石吗？当它为矿石时，一点也不珍贵。只有被能工巧匠冶炼成器物后，才被人视为珍宝。我就好比金矿石，把您当作能工巧匠。您虽有眼疾，但并未衰老，怎么能提出辞职呢？"魏征见唐太宗如此诚恳，也就铁了心跟着唐太宗干一辈子了。

上级的称赞是一种认可，是对下属工作成绩的首肯。适当地表扬下属，既可以激励下属，又可以对树立自己在下属心中的良好形象。表扬就像是上下级之间的润滑剂一般，让上下级之间保持一种友好的关系。但是，在上级对下属进行表扬时，要实事求是，明察秋毫。

总之，作为一个上级，要不吝放下架子，对下属的表扬要真心实意，这样不但不会让上级有失身份，还会让下属产生被尊重的感觉。有时这种表扬不一定会以直接的赞扬的方式表现出来，可能会是上级的一句问候，一次小小的关心等等。

一位餐厅的服务员小姐利索地完成了上菜工作，客人很满意。最后上西瓜时，脚下一滑，连人带盘子摔在地上，偌大的餐厅霎时鸦雀无声。此时，值班经理走过来，扶起这位吓坏了的小姐，亲切地说："今天客人多，你累坏了。前面的菜上得很顺利，快去休息吧。"经理从容地给这最后一批客人上完西瓜，拿起扫帚把西瓜、盘子碎片清扫干净，并向客人们致歉，服务小姐感动得流下了眼泪，客人们为之鼓掌喝彩。

这位经理一句话，包含了上级对下属工作的肯定和对下属的关心，使这位无意中出错的小姐摆脱了尴尬的局面。这家餐厅不仅没有因这一意外事故而影响它在客人心目中的声誉和地位，反而因其高超的管理艺术受到客人们的赞扬。可以说，这位经理在特殊情况下的一句平淡称赞，在那位服务员心中远远胜过所有的奖金。这位服务员在以后的工作中定会更加兢兢业业，爱岗如家，这正是称赞的目的之所在。

2. 如何说话，可以增加下属对你的敬佩？

成功的上级总是豁达大度。决不会因下属的礼貌不周或偶有冒犯而滥用权威。有宽恕下属的大度，才更能树立你在下属中的威信，赢得下属的拥戴。

张林刚办完业务回到公司，就被领导朱民叫到了他的办公室。"张林啊，最近业务办得顺利吗？"

"非常顺利，"张林兴奋地说，"我花了很多时间向客户展示我们公司产品的性能，让他们了解到我们产品的便利性和高性价比。很顺利地就把公司的机器，推销出去200多台。"

"不错，"朱民赞许地说，"可是，你完全了解了客户的情况吗，会不会出现退货的情况？你知道我们部门的业绩是和推销出的产品数量密切相关，如果他们再把货退回来，对于我们的打击会是很大的。你对于那家公司的情况真的完全调查清楚了？"

"调查清楚了呀，"张林兴奋的表情消失了，取而代之的是不满和失望的表情，"我是先在网上了解到他们需要供货的消息，又向朋友了解了他们公司的具体情况，然又打电话到他们公司去联系的，而且我也是经过你批准才出去的呀！"

"别激动嘛，张林，"朱民讪讪地说，"我只是出于对部门业绩的关心才会对多问几句的。"

"关心？"张林不满道，"你是对我不放心才问的吧！"

朱民关心下属的业务，之所以被下属认为是怀疑自己的业务能力，是因为朱民没有用恰当的方式表达好自己的意愿。对一个业务员来说，业务能力是获取高额报酬的根本保证，这种能力是不容任何人怀疑的，而朱民在表达的时候又或多或少地带有怀疑张林业务能力的情形。所以双方产生了冲突，影响了双方的心情，也可能会妨碍以后工作的开展。很明显朱民认为张林的积极性很高，但是能力可能稍欠不足，因此就多询问了几句，而这恰恰就引起了张林的不满。其实朱民是有权力询问下属关于工作方面的一切事情的，只是没有考虑到张林的接受能力，引来了误解。从上面的对话可以看出来，张林没有多少工作经验，把个人的情绪带到工作中。情绪是个人化的东西，工作是公司的事情，两者不能搞混。所以。领导在批评指导此种下属的时候最好可以利用情绪来感染他，进而带动他，争取对方的支持和理解，只有这样才会让对方心悦诚服地接受指导。

俗话说，金无足赤，人无完人。有些下属难免在工作和生活中有过失。这时，上级就需要加以指正，并要求其改正。面对这种情况，上级的建议如何用一种有效的方式使下属接受就是一件很考验人的事情。有一点必须注意，对下属的过失直言申斥是不会有好效果的，因为在这种情况下，对方为了保全尊严，很可能会当面反驳，即使对方当时承认错误，也是口服心不服。有效的办法是委婉地指出下属的过失，让对方在自责中加以改正。

一位年轻员工上班总是迟到，每次迟到的理由都是手表出了问题。

于是店主对他说："要么你换手表，要么我换员工，你自己选吧。"

这话软中带硬，既给足了对方面子，又明白地指出继续这样做的后果，这样就会使对方在权衡之下作出选择。

还有这样一个故事。

有一次，柏林空军军官俱乐部举行盛大宴会，招待一名空战英雄——乌戴特将军。

一名年轻士兵被派作服务生替将军斟酒，由于过于紧张，士兵竟将酒淋到将军那光秃秃的头上去了。顿时周围的人都呆住了，那闯祸的士兵更是吓得直打哆嗦，准备接受将军的惩罚。

但是，将军不仅没有发火，反而用餐巾慢条斯理地擦干了酒水，并慢慢地说道：

"老弟，你以为这种治疗秃顶的方法有效吗？"全场紧张气氛被一扫而光。

下级冒犯上级，往往都是无心之错，并非出于有意，所以大可一笑而过。如果你勃然大怒，不仅让下属下不了台面，还会给别人留下心胸狭窄、蛮横愚昧的印象。所以大度地容忍下属的冒犯，则既可解除当事人的尴尬和不安，更会增加下属对你的敬畏感，使你们之间的关系更加和谐。

3. 在下属面前树立威信，平时应该怎么做？

威信是建立在高尚的个人修养基础之上的，要树立自己的威信，首先要具有高尚的人格。日本一位实业家曾经这样说："权威是从内部自然产生出来的，从一个人内在的实力和人格中自然渗透出来的。"同样作为上级，如果对自己的个人利益斤斤计较，那他在下属心目中不可能有威信可言。

1870 年 3 月 17 日夜晚，法国最漂亮的邮轮之一"诺曼底"号，载着船员和乘客在从南安普敦到格恩西岛的航线上行驶。凌晨 4 点，它被全速行驶的重载大轮船"玛丽"号在侧舷上撞了个大窟窿后，船体迅速下沉。顿时，人们惊慌失措地涌向甲板。

这时，船长哈尔威镇静地站在指挥台上说："全体安静，注意听命令！把救生艇放下去，妇女先走，其他乘客跟上，船员断后，必须把至少 60 人救出去！"船长威严的声音，稳定了人们的情绪，当大副报告"再有 20 分钟船将沉没海底"时，他说："够了！"并再一次命令："哪个男人敢抢在女人的前面，就开枪打死他！"

于是，没有一个男人抢在女人前面，更没有一个人"趁火打劫"，一切都井然有序。在生死关头，人们很可能不大会服从船长的命令的，而正是船长的威信使局面得以控制。在他要抢救的 60 人中，竟把他自己排除在外了！他自己一个手势没做，一句话没说，随船沉入了大海。

若是当时哈尔威船长在危难的时刻抛弃大家独自逃命的话，那结果会是什么样子的呢？估计伤亡应该比这还要严重吧。我们不禁要问，在这性命攸关的时刻，船员们依然对哈尔威船长言听计从，那么仅仅靠的是哈尔威船长的那几杆枪吗？

其实不然，靠的是哈尔威船长威信的力量，这种力量非权力和金钱所能够交换。人与人交往，主要就是双方之间意志力的较量。总之，不是你影响别人，就是你被别人影响。身为上级，不一定要显示自己有多大的权威，只要树立自己的威严与影响力，并适当地注意自己的身份，就能在下属心目中有一个高大的形象。

譬如在某些较大的场合讲话，或是面对许多下属演讲，或是做报告时，都要适当表现得威严有力。在与下属谈话时，话说得要恰如其分且坚决果断，一是一，二是二，不要表现出犹豫不决的样子。

另外，作为上级，在平时尤其要注意自己的言谈举止，因为你的一言一行，都被下属看在眼里，所谓"上行下效"，谨防"上梁不正下梁歪"！

4. 如何与下属进行个别谈话？

个别谈话是上级对下属进行教育指导的一种重要方法，也是一个人谈话艺术的重要体现。纵观历史，有很多问题是通过个别谈话得到解决的。运用好个别谈话，不仅可以深入了解情况、加强双方的沟通了解，还可以交换双方意见，提高对问题认识的深度，更有利于问题的解决。此外还可以畅通言路、团结大众，拓展人际关系。因此，一名合格的社会人必须练好这项基本功，掌握好这种谈话技巧。

开门见山，单刀直入法。上级应及时对下属在思想变化、工作情况、升迁提拔、人事纠纷等方面遇到的挫折给予开导。如果与谈话对象较熟悉，对方又性格爽直，运用单刀直入法较为适宜。这种方法在谈话开始就直入正题，不纠缠于其他细枝末节，也不转弯抹角。

某教育局副局长找到纪委书记家，想责问书记为何要派调查组到教育局来。这正是送上门来的好机会，书记又是泡茶又是递烟的热情接待，但副局长一概冷冷拒绝，敌对情绪很大。两人以前本来就十分相熟，于是书记说："脾气还挺大啊，其实你不说我也知道你想说什么，你想说我张某人由于自己女儿的论文答辩不及格，没有得到出国留学的名额，就怀恨在心，就借工作便利来发泄私愤，是不是？"

书记这段谈话，主要特点在于开门见山，单刀直入，一下就提示了问题的关键所在。这种看准问题、提示关键、抓住目标的谈话深入下去能收到较理想的谈话效果。有时谈话是在事情发生的现场进行，这种场合也适用"单刀直入法"。

某车间两青工打架斗殴，车间主任赶上去劝开并立即找他们谈话，这时也可以开门见山提出问题，单刀直入进行交谈。试比较下面两种谈话开头：

A：你们先心平气和地谈谈，今天为什么大打出手？ B：看你们俩这一头汗，赶紧去洗洗吧，今天的活儿完成了啊，这么有闲情逸致还切磋武艺啊？

第一种用的是单刀直入法，面对眼前的矛盾，面对较紧急的情况，以这种方式开头切合实际。第二种用的是迂回谈话法，这种谈话故意回避眼前矛盾，顾左右而言他，隔靴抓痒，这种方法有时可能贻误了谈话的最佳时机。

同样是"单刀直入法"，其表达方式却不一样，试比较下面两段谈话：

A：你们俩给我坐下，能力不大火气还不小，竟然敢大打出手。在公司打架，像什么话！你们倒是说说到底是什么天大的事情？ B：瞧把你们俩给激动的，先坐下来，请冷静地想一下，我觉得你们也不希望搞成这样，现在可不可以好好地交流沟通一下？

以上两例谈话都从一开始就接触到了实际问题。但第一种一开始便用命令式，接着又连用问句，给人一种审犯人的感觉，这样谈话很难使对方信服，甚至可能会拒绝谈话。而第二种用一个"请"字表示了一种平和态度和尊重语气，再说"你们也不希望出现这种局面"给对方一个台阶，讲话留有余地，最后用商量的口吻触及关键问题。这比命令式更容易让人接受。可见同样用单刀直入法，其语言技巧仍大有讲究。

有时候，有些下属遇到困难，我们可以采取真诚启导，温暖人心的谈话方式，对其说出一些善意理解和适当鼓励的话语，使其心灵得到抚慰、温暖，就能起到"振奋剂"的作用。

在一个单位，有一个学历高，但缺乏责任心的青年，因出了几次事故而自暴自弃，别人也认为他是高分低能的典型。一次总支书记和他谈了一次话。书记首先向他问好。他却说："众所周知我不好，已经不可救药了。"书记说："说你不可救药，不仅是对你的否定，更是对我们工作的否定。"在作了一番自责后书记继续说："我想和你交个朋友，今天我就以朋友的身份和你谈心，你也是老大不小的了，孔子说，三十而立，再过两天你就整三十了。俗语说，好花开得迟，但再迟也得开啊！现在是你用心施肥的时候了……"这次谈话后，这个青年工作果真有了一定的起色。

书记是在这位青年最孤立、最没有信心的时候和他谈话的，他自责自己多，批评对方少。而且没有用千人一腔的大道理向他说教，而是用关心体贴，真诚期待的话语去启示，给他温暖，助他驱赶心中的寒意，使他振奋起来。

总之，谈话艺术体现在生活的方方面面，我们要做一个有心人，积累自己为人处世的经验和能力。

5. 关心下属的隐私时，如何说才合适？

每个人内心都有一些不愿被公开的秘密，只能埋在心里，这就是我们所说的隐私。隐私是不愿被人知道的事或不愿被人公开的弱点或缺点。每个人都不是百分之百透明的，也不是自始至终没有犯过错误的。俗话说，金无足赤，人无完人，人吃五谷杂粮，自然就存在一些弱点和不足。每个人都不希望把自己的想法、行为原原本本地公诸于众，否则，人就没有颜面活在世上。隐私权是人的一项重要的生活权利。作为上级，在与下属的交际过程中，切勿探求下属隐私。否则，就有可能深陷这一激励误区。

下属的隐私是下属私人、细琐、敏感的问题，作为管理者，你的过分关心会导致对方的不快。因此，正确处理下属隐私有利于进行有效的下属激励。

林一男是某公司的资深员工，都三十好几的人了还未结婚。经营部的张主管一直很关心此事。有一天，张主管周末见林一男带一女孩逛商场，心中高兴。周一上班，张主管遇到林一男，笑问道："林一男啊！昨天那姑娘真不错，什么时间开始的啊？"林一男自己一直为婚事烦恼，心里很忌讳别人谈他的婚事，所以闹了大红脸。张主管见林一男这样，进一步问道："这姑娘是做什么的，我给你参谋参谋。"林一男仅见过这姑娘两次，被张主管如此追问，心中不快却不能发作，只生硬地说道："回头再说吧。"张主管也闹了个没趣。

张主管尽管是出于好心，但却并不见得是好事，对别人的过分关心，只会导致别人的反感。所以当上级的不要把下属当做自己的孩子,反复盘问。

即使是自己的孩子，也应有一片属于自己的天地。

　　作为中层上级，由于工作缘故与下属终日打成一片，掌握的情况比较多，有可能了解下属的一些隐私，对于下属个人隐私问题，上级要有高尚的品德，尊重下属的名誉，严守下属的个人隐私，绝不能随意外传。

　　有位工厂的工会主席，多年来由于自己的人品、能力和领导艺术，在下属中建立了很高的威信，大家有什么心里话都愿意找他谈，从不担心在他那里留下不好的印象，更不用担心自己内心的秘密或生活隐私被传播出去，而且能够得到帮助。有一位车间主任怀疑他的妻子与一位厂办主任关系暧昧，一直很苦闷。他向工会主席袒露了心扉。工会主席进行劝解后，注意观察这位车间主任之妻与厂办主任的来往。经过一段时间观察，认定关系正常，原来是厂办主任好开玩笑，引起了车间主任的误解。工会主席提醒厂办主任，少开玩笑，然后又找车间主任谈话，不但解除了误会，而且没有伤害双方的自尊心，使问题得到了圆满的解决。

　　作为上级，切忌在茶余饭后，工作之余，将下属的隐私当笑料调侃，这样会引起上下矛盾，失去群众信任。务须尊重下属隐私。

　　由此，可以看出，企业上级过分关心下属的隐私，会使下属陷入尴尬的境地，刺伤其积极性；相反，尊重并恰当处理下属隐私，将为下属创造一个良好的氛围。

6. 下属做错事情时，我们应该说些什么？

　　上级要适时肯定和赞扬下属的成绩，也要适当批评和否定下属的某些不当言行。古人云：人非圣贤，孰能无过？有过而不接受批评，只能在错误的道路上越走越远，最后，便不是批评所能根治得了的了。因此，无论何人从事何种工作，在适当的时刻接受一定的批评和建议都不仅是必然的，而且是必要的。

那么，我们怎么做才能在否定和批评下属时，既达到批评教育的目的，又不至于让下属心生不满呢？这就涉及批评的艺术手法。

首先，得学会赞扬和认同下属，让下属觉得你总体上是肯定他的。我们都知道，理发师在给顾客刮胡子之前，总是要先给他抹上泡沫，以免其感到疼痛。批评要是不被对方接受，就不会有丝毫效果，但实际情况往往是下属明知自己做得不对，但为了自己的面子而对自己的错误拒不承认，那么，我们为什么不可以像理发师那样先给他们抹一点"肥皂泡"呢？先给他们一些表扬的话，然后再对其工作中的不当之处进行指正，下属自然也就容易接受了。

任何一个人都不可能只有短处而没有长处，每个人身上都有自己的优点。作为上级，批评指正下属的不当之处是理所当然的，只要方法得当，就可以帮助下属改正缺点、发扬优点。上级只有掌握富有艺术性的批评指正，完全可以做到在指正下属的缺点时不让下属感到一丝委屈，还会让其对你的批评指正感到由衷的感谢，认为那是一种对其今后发展的指引。

在卡尔文·柯立芝任美国总统期间，有天他一位女秘书说："你今早穿的衣服极好看，你是一个很有魅力的青年女子。"这恐怕是沉默寡言的柯立芝一生给予一位秘书最热情的称赞了。这很不寻常，出于女秘书之意外，她红着脸，不知所措。

总统接着说："好啦，别愣在那儿，我这样说只是为了使你高兴，从现在起，希望你对标点符号再稍微注意点。"

他的方法似乎太露骨了一点，但是，其中所含的心理学原理却是极高明的。在批评您的下属和他人之前，先来一点儿表扬，不但会使谈话顺利得多，而且也会使被批评者更加乐于接受。

其次，要保全下属的脸面。运用含蓄的批评语言。一般情况下，在您与属下的谈话中，他对自己的名誉要敏感得多，作为上级，当您希望改变自己下属的时候，请不要忘记保全他的脸面，这也同样会给您带来巨大收益，达到批评目的，又不会为此招致任何怨恨。"人要脸，树要皮"，敏感的下属对直截了当的批评深恶痛绝，如果上级在谈话中能巧妙、含蓄地提醒他们注意自己的错误，往往会取得意想不到的效果。

查尔斯·施瓦布一天中午路过他的一个炼钢车间，发现有几个工人在抽烟，而就在他们的头上，挂着着一块写有"禁止吸烟"字样的牌子，这位上级怎么教训他的伙计们呢？痛斥一顿吗？拍着牌子说："你们不识字吗？"不，都不是。

查尔斯·施瓦布深谙批评之道，他走到这些人跟前，递给每人一支雪茄，说："年轻人，如果你们愿意到外边去吸烟，我将非常感谢。"

胆战心惊的工人们心里意识到，头儿知道他们坏了规矩，但他什么也没有说，相反送给每人一件小礼物，让他们感到了自己的重要，保住了自己的面子甚至感觉很不错，也因此而更加敬重自己的上级，这样的头儿他们怎么会不喜欢呢？

批评下属时，注意给下属留有一定的面子，站在下属的角度考虑其心理感受，是一件很重要的事。然而，许多上级并没有这样为下属考虑得太多，只是为了自己的权威和地位，对下属的错误横加指责、挑剔，甚至是一定程度的恐吓，从不去考虑下属的自尊心。殊不知，这样长此以往，上级不但在下属中树立不了自己的威严形象，还会破坏自己在下属心目中的地位。试想在这样的上级手下工作，下属能有轻松的心态吗？能不影响自己的工作效率进而影响的整个部门的工作成绩吗？所以，作为上级在批评指正下属之前，可以尝试着先考虑一下说教方式，要知道，减轻下属的痛苦就是减少自己的麻烦。

还有一种方式，上级对下属批评指正之前可以先张后弛，先对下属进行严肃的批评，然后再转变态度对其进行安慰劝解。有时候在批评下属之前本来就被他的错误气得忍无可忍，想先表扬后批评，但又实在是无法压抑自己心中的怒火，如果想给他一个深刻的教训，那么爆发一次心中的火气也未尝不可，特别当着众人的面更能让下属记得牢固。当然，这样做的前提是您必须肯定自己是正确的，并且这样做要把握一个限度，不能过于苛刻。经过这电闪雷鸣的一通训斥，将给您的下属留下深刻的印象，一方面树立起了你的权威，另一方面让下属牢记以后不再犯同样的错误。固然这样也能起到杀一儆百的效果，但是这位受到批评的这位下属成了牺牲品，不免他会对自己的上级心生不满。所以，要尽快对其进行安慰，必要时不要忘记给予一定程度的补偿，消除自己在下属心目中的污点。

古代伊利特王国有一名将领唤作琼尼斯，这位将军治军甚严，甚至可以说是百般挑剔。某日他巡视军营，发现一名下属军官军容不整，立即召集手下全体军官，当着大伙的面对他一顿痛斥，声色俱厉，全军上下为之肃然，被批评者也自觉无地自容。

然而两天以后，此人被召到将军的办公室，琼尼斯对他笑脸相迎，温言抚慰，自我检讨自己当日过于严厉，这名下属军官当时就改变了自己对长官深恶痛绝的看法，表示坚决效忠上级。

这位古代将军的批评术的确不凡，通过公开批评的"雷霆一击"，仅整肃了军纪，而且在部下心目中树立了自己的威严形象；此后又在暗中以单个召见道歉的办法，化去了被批评者对自己的怨恨，这可以叫"阴转晴"。

总之，不同的人由于经历、知识、性格等不同，批评和接受批评的能力和方式都有很大差别，上级在与下属谈话中，应根据当时的实际情况和不同的下属的特点，区别对待，采用不同的批评方式。

7. 拒绝下属时，说些什么话最合适？

在我们社会主义大家庭里，上级干部是人民群众的公仆，"全心全意为人民服务"是每个干部必须恪守的行为准则，为群众排忧解难是每个干部义不容辞的责任。

在上级工作中，经常要面对下列情形，当你的部下或群众对你有所要求时，你或者承诺，或者拒绝，总要有所表态。比较起来，承诺比拒绝容易得多，因为后者使双方处于一种对立状态中，处理不好，就可能会伤害感情，影响干群关系，挫伤群众积极性，造成工作局面的尴尬被动。可是，如果一概承诺，又会给工作带来不必要的麻烦，甚至会犯原则性的错误。

那么，上级如何拒绝别人不合理的或无法办到的要求呢？这就要求上级应首先判断对方要求是否合理、自己是否能力所及，进而先向对方诚意地表示充分的尊重、理解和同情，再讲究拒绝的方法技巧。从而把拒绝带来的负面作用降到最低限度，既不伤害对方的自尊心与感情，又能取得对方的谅解和支持。

那么，我们就要学会委婉相拒，不留痕迹。在许多场合，经常遇到一些原则上不能应允的要求，直言相拒又显得有失身份，可借用委婉的说法或提出明知对方也难以应允的要求，以达到拒绝的目的。

秘书杰西建议她的老板布朗重新装修一下办公室的会客大厅。她对老板布朗说："布朗先生，我认为我们应该把会客大厅重新装修一下，以让它看起来更富有现代气息，这样做会让我们的客户留下充满希望和活力的美好印象。"但是，布朗更喜欢古典的装修风格，所以他不想改造会客大厅现在的布局。但是也不好驳了杰西的面子，这时候该怎么办呢？

布朗说："杰西小姐，您的这个主意很不错，但你让我再考虑考虑吧。"秘书受到了鼓舞，又继续提出了自己的很多设想。

（第二天）布朗说："噢，杰西，我仔细考虑了你的提议，我觉得还是有点不妥。你想，一个更现代化的外观也许的确会给人眼前一亮的感觉，改变一下，也许会取得更好的效果，但跟我们做生意的这些客户多数都是非常沉稳的中老年人哪。他们很多人可能都会认为目前会客厅的主色调不错，所以我觉得暂时没必要重新装修，你认为呢？"

停顿片刻之后，布朗又说："但你的建议让我想到了，我们应该在客厅周围做些改变，比如，正像你说的，把门上的标志换成一个更活泼、更时髦的，墙上的那一幅画也应该换成最有主流意义的名家名作。非常感谢你给我提出的宝贵建议，要是没有你，我是绝对想不到这些好主意的。我也希望能听到你对其他一些事情的创造性建议，譬如说，在这个会客大厅摆上一个盆景怎么样？"

布朗既充分地考虑到了杰西的建议，并对她的意见和建议进行了高度的评价和赞扬。又在赞扬中婉拒了杰西的建议。试想一下，如果布朗对杰西的建议没有进行任何思考就粗暴地拒绝了，那么杰西会作何感想。所以，在拒绝下属的时候，一定要照顾到下属的情面和积极性。而对于上级自己非常熟悉或与自己关系比较亲密的下属时，采取直言相告的方式，或许可以得到对方的理解。

蒋新林通过自己的努力当上了公司的一把手。在上任的第一天，他以前的同事兼好友蒋一鸣就来到办公室找他，希望蒋新林能够给自己调换一个工作岗位。蒋新林知道，这个风气不能开，自己刚上任就提拔自己的朋友，会给别人留下口实。但是自己也不能直接回绝了他。

于是，蒋新林决定采取直言不讳的策略来告诉自己的老友。蒋新林说道：

"我刚到这个位置，就给你调换工作岗位，这样做对你没什么好处。况且我如果这么做，实际上是在帮你树敌，你让公司的人怎么看你呢。我可以可以提供一些好的工作机会，在你做出了成绩之后，你就可以参加咱们公司的干部竞聘。这样别人就不会再对你有何说辞了。"

蒋一鸣觉得蒋新林说得很有道理，而且字字切中要害，于是就同意了蒋新林的提议，回到自己原来的工作岗位努力工作。并下定决心，在做出成绩之前，不会再来找蒋新林。

蒋新林通过直言相告的方式，让蒋一鸣明白了自己的苦衷，同时也表明了自己的立场。这样做既没有得罪自己的朋友，也没有给自己的工作添麻烦。可谓一个完美之法。

这个事例说明当别人有求于你，但你又因各种原因不能满足对方的要求时，切莫以演讲的方式讲大道理，而应坦诚直率、开诚布公地讲出自己的动机及某些设想，这是获得对方理解的好办法。

8. 面对下属提出的反面意见，上级该如何解决？

有些上级，特别是上了年纪的，总特别强调"人和"，总是希望下属之间的关系一团和气。当下属间有争议时，他们通常不顾下属间为何发生争端，而是立即走上前说："你们在一起工作，像这种小问题都无法获得一致见解，实在不好，你们应该团结，应该好好学习。"

这样的上级还有一个倾向，就是很不满有和自己意见分歧的下属，一切都得以他的要求办事。若是在会议上有几个意见一股脑给他提出来，他便会不知道如何应付，极有可能会不知所措地对你说："今天的会议主题已经讨论完毕，效果很好，也讨论了很长时间了。对于这几个问题，我看还是留在下一次的会议上再好好讨论吧。不要急，大家可以下去都想一想。今天就先到这儿吧。"

对于这样的上级来说，他不懂得人多力量大的道理，只知道若是自己毫无准备，要是解决不好这些问题的话，会在下属面前丢脸，失去威信。更何况一致的意见并不一定就是解决问题的最好的途径。若是迫于上级的威信，明明知道上级的决策有疏漏而下属不敢提出异议，或是上级运用自己的权威强迫下属接受自己的意见，那么在这样前提下得出的一致性的结果，那么将失去任何意义，甚至对事件的结果会产生极其不好的影响。

俗话说"百家争鸣，百花齐放"，作为一个上级，大家共同的思维碰撞之后产生出来的火花，很多时候不是一个人苦思冥想所能捕捉得到的。所以，当下属对一件事情毫无异义时，并不能武断地认为自己的决策就是万无一失的。

赵方是一家大型企业的主任，为人严肃认真，平时工作兢兢业业，办事雷厉风行，上级对其甚是欣赏。可是，有时赵方觉得自己和下属之间的关系不是很亲近，觉得平时下属和自己除了工作上的接触之外，没有思想上的交流，并不熟悉下属的思想动态和要求。甚至有时候觉得和下属见了面之后，下属会有意躲着他。经过反思，觉得自己可能在领导方面存在某些需要改正的地方，若是长此以往下去，不利于自己工作的继续开展。

于是，在一次下属座谈会结束的间隙，赵方说："我很感谢大家平时对我工作的支持，我们取得成绩是大家共同努力地结果，没有你们，就不可能有我们企业这几年效益上的迅速提高，在这里，我表示由衷的感谢。"说完赵方向下属深深地鞠了一躬，接着说道："但是我感觉得到，我个人也有一些管理方式方面需要改进的地方，总觉得自己和大家走得不够近，交流得不够多，对大家不够关心，一方面是工作比较忙，另一方面也希望大家能主动地和我交心。若是有其他方面的问题，也欢迎大家及时批评指正。"

大家看到，平时严肃的上级原来也是那么平易近人，于是就都敞开心扉，和赵方交流了很多的工作上的看法。此后，赵方不但觉得大家工作上的任务完成得越来越好，而且和下属之间也愉快地打成了一片。

因此，上级要学会向下属征询不同意见，并做到正确地面对不同意见。这样做非常有助于处理好事情，解决好问题。在征询意见时，要尽量避免使用让别人感觉受责备或是生硬的言辞。例如，在自我反省时可以这样表达："我一直在考虑自己作为一个上级的行事作风。我知道大家觉得我……"后面再谈及一些要说明的问题。这句话是在向听者暗示：你明白自己有些行事方法不受大家欢迎，对这点你也承认，并准备改正。这样一下就拉近了与听众的心理距离。

可是，现在，还是有些上级还总是以看戏的心态来看现实生活，总喜欢看成绩，不愿意看缺点，这也是大多数中国人的看法。一些人喜欢听喜鹊叫，早上听到喜鹊叫，脸都乐成一朵花，一天干活都有精神；要是一出门就听见乌鸦叫，自己连说几声"晦气"，后悔没有晚两步出门，整天都提心吊胆怕出事；要是听到了猫头鹰叫，必然怒从心头起，恶向胆边生，拿起大个的石头要把这鸟儿赶跑。正是在这种心态的作用下，下属们一般也是报喜不报忧，柿子尽捡软的捏，话儿尽找好的说。

曾国藩"围剿"太平军，初期连吃败仗，自己知道纸包不住火，不报不行踌躇再三，只好提笔写道："臣自剿匪以来，已历一载，屡战屡败……"写完后搁在案头，连压几日不肯上呈。他的幕僚建议说："大帅，您的呈文开头何不改为'臣自剿匪以来，已历一载，屡败屡战……'"结果这顺序一倒个，意味大变，坏事成了好事，曾国藩大喜，战报立马上呈。皇上看后对他多加抚慰，勉励他再战。要是按原来的说法送上去，曾国藩早就被撤职了。

作为上级，千万不能像皇上那样，只愿听好的不愿听坏的。对于能干的下属来说，上级乐于听取不同意见更加有意义，因为他们经常有自己的进谏之门，能干的属下一定会更积极、更大胆地献计献策，会更勇敢地纠正上级的过错，更自觉地提出改进工作的建议。

9．处理下属矛盾时，讲话有何技巧？

作为上级，肯定非常不愿意看到下属之间闹矛盾，因为即便一个很小的矛盾，倘若处理不好，对上级的威信也会产生很大的影响，甚至波及整个部门的工作效率。

《墨子·兼爱》中有："圣人以治天下为事者，恶得不禁恶而劝爱？故天下兼相爱则治，相恶则乱。"意思是说，圣人是以治理天下为职业的人，怎么能不禁绝仇恨而鼓励亲爱呢？因此人们相亲相爱天下就会安定，互相仇恨就会祸乱丛生。

作为企业的管理者，要鼓励下属互敬互爱。因为下属相互关爱，企业就会安定团结，士气高涨；反之，则势必影响工作效率，甚至产生祸乱，然而，牙齿也有碰舌头的时候，由于各种各样的原因，下属之间难免会产生矛盾和冲突。当矛盾和冲突出现的时候，又该怎么办呢？

一天，乾隆皇帝诗兴大发，在宰相和珅和三朝元老刘通训的陪同下，来到承德避暑山庄的烟雨楼前观景赋诗。乾隆向东一望，湖面碧波荡漾，甚是开阔；向西一观，远方山峦重叠，甚是巍峨。不禁随口说道："什么高，什么低，什么东，什么西。"抱有学识的刘通训随口和道："君子高，臣子低，文在东来武在西。"宰相和珅见刘通训抢在他的前面，十分不悦，想了一下便说道："天最高，地最低，河（和）在东来流（刘）在西。"这里，"河"与"流"虽明指热河向西流入离宫湖，但和珅却用谐音暗示自己与刘通训，并借皇家礼仪上的东为上首、西为下首的习俗暗示刘通训:你虽是三朝元老,却仍在我和坤之下。

刘通训听了,知道和坤诗意所指,甚是恼怒,便想伺机报复。这时,乾隆正要两人以水为题,拆一个字,说一句俗语,做成一首诗。刘通训望着清波中自己老态龙钟的面容,偷视了一下和坤自负的得意之形,灵机一动,咏道:"有水念溪,无水也念奚,单奚落鸟变为鸡(鸡)。得意的狐狸欢如虎,落毛的凤凰不如鸡。"

和坤听罢,既暗自赞叹刘通训的才华,又为诗中讽刺他是狐狸和鸡而恼怒,便反唇相讥道:"有水念湘,无水还念相,雨落相上便为霜。各人自扫门前雪,哪管他人瓦上霜。"言外之意,暗示刘通训不要多管闲事。

乾隆听罢两人的诗,自然觉出了两人不和的弦音,便面对湖水说道:"两位爱卿,朕也不妨对上一首:有水念清,无水也念青,爱卿协心便有情。不看僧面看佛面,不看孤情看水'情'。"

和坤和刘通训听罢,心中为之一震,顿时觉脸上烧得火辣辣的,知道皇上是在教导他们应当同心协力,帮助皇帝整治天下。二人当即拜谢乾隆皇帝。从此,和坤和刘通训便结为忘年之交。

因此,作为上级,对下属之间产生的摩擦,最好采取循循善诱的方法,耐心细致地从思想上引导,切不可采取强硬粗暴的态度,更不可采取"高压"的手段。

10. 消除下属的怨气,讲话有何艺术?

天平的两端也不是绝对平衡的,同样,每个人在处理一些人事问题时,即使秉着一颗公正的心,也难免会做出一些让个别人不满意的事,更何况中间还可能出现错误的处理方式呢？所以，作为上级，就可能经常要面对下属的牢骚、怨气。如果下属的牢骚话有一定的道理，上级应加以重视，如果下属的牢骚话纯属争一己私利，发泄个人怨气，上级也应作好疏导说服工作，不可听之任之，任其发展。

那么，当下属发牢骚时，上级怎么说话才更恰当呢？

下属的怨气、不满和牢骚，往往受情绪影响很大，也往往是情绪冲动的后果，冲动替代了理智。面对这种下属，最好的方法是采用冷处理，这是一种缓兵之计，不仅可以使下属冷静下来，还可以为自己赢得时间了解真实情况，寻求解决问题的恰当方法。

某公司职工老王在年终评比后对结果很是不满，于是气呼呼地找到人力资源部的张经理发牢骚，他情绪激动地说："我们这些老实人只知道老老实实工作，不会做一些面子活儿。可是公司评先进也不能总是评那几个'先进专业户'啊，我们这些老下属难道就不先进、不积极了吗？"张经理给老王倒了一杯茶，说："老王，你的心情我完全理解。等我了解一下情况，再给你答复你看行不行。"老王见张经理这样说话，情绪稳定了下来，心平气和地说出了自己的不满和委屈，同时向张经理汇报了他一年来的工作情况。老王所做的工作有一些确实是公司上级层不知道的。后来，张经理通过调查，了解到老王所说全部属实，于是报请董事会追加名额，最终，董事会同意了张经理的提议，把老王也评为先进下属，并补发了奖金。

发牢骚的下属看问题的出发点往往只是自身的利益，缺乏全局观念，所以往往比较片面和偏激。上级部门主管对这样的发牢骚者进行劝说，可以运用两分法，帮助他们剖析事物的辩证关系，明辨是非，全面地看问题，以使他们正确认识自己和别人，从而解开他们的心结，疏导他们的不满情绪。

某公司采购部下属郑明在专业技术人员年度考评中没有被评为优秀，感到心里很憋屈，于是就找到公司的经理张天发牢骚说："我一年来按时上班，风雨无阻，不仅按时完成了公司的采购计划，还为公司节省了不少费用，可为什么评优秀就没有我啊？"面对郑明的责问，经理张天微笑着解释道："您确实是一个尽职尽责的好同志，准时上下班，工作也很尽职尽责。按公司的规定，您可以得到满勤奖金和采购部下属的岗位津贴。但是，专业技术人员评优，不仅是要看平时工作态度和履行职责的情况，更要看在专业技术方面有没有突破，被评选上的这几位同志，在这方面都做得较好。如果来年您在这方面再努一点力，我认为您还是也可以被评上的。"经理张天的一番话，说得郑明心服口服，满怀希望地离开了经理的办公室。

由上面的例子我们总结出：对于发牢骚的下属，上级要区别对待，按照下属不同的特点采用不同的方法。对那些有一定能力，但对现状有一定微词的下属，可以尝试激将法，有目的的用反语刺激对方，使其摆脱自我压抑的心理，代之以奋发向上的精神风貌。

某事业单位办公室秘书刘明具有研究生学历，但每当他看到那些大专文化的人发了财，心里就很不忿。一天，他向该局的杨科长发牢骚说："现在的这个社会，文化低、胆子大的人挣大钱；文化高、胆子小的人挣不了几个钱。"言下之意是埋怨自己的待遇不好。对此，杨科长说："现在社会讲究的是真才实学，学历高的人不一定能力强；能力强的人也不一定学历就高。不要只看到别人不足的一面，也要看到别人优秀的一面。你要是金子，就把自己擦亮一些，发出光芒给我看看。咱们局下属有几家企业，正缺有能力的部门负责人，你敢不敢下去把企业做大做强？"这话对刘明的震撼很大，他想自己怎么说也是正规大学毕业的研究生，难道真的那么差吗？与其整天窝在机关里无所作为，倒不如下去脚踏实地地闯出自己的天地。于是，他真的要求下企业当了厂长，并凭借自己的能力使企业变大变强了。

11. 如何适时地在下属面前承认错误，拉近彼此关系?

人非圣贤，孰能无过，即使平时看着高高在上的领导也不例外，如果犯错了，就要及时承认。因为与其等别人提出批评指责，还不如主动认错道歉，更易于获得谅解宽恕。尤其是作为一个上级，若是有魄力在下属面前承认自己的错误，不但不会在下属面前有失身份，反而更会增加下属对自己的信任。一个上级敢于承认自己的错误，当然有能力去改正错误。再说，有哪个人不会犯点错呢?

一个人犯了错误并不可怕，怕的是没有勇气去承担错误，更不用指望这样的人去改正错误了。这样的人也不可能是一个服众的人。

一个敢于承认错误并勇于承担责任的上级，是个好上级。这样的上级比那些貌似从来没有犯过错，或是犯了错之后把责任推到其他人身上的人更加真实，因而也就更加容易受下属拥戴。

对于道歉的方式，真心实意就行，不必找太多的主观或客观原因，错了就是错了。若一定要解释，认错之后稍作解释即可，一方面多说不宜，另一方面没有必要。主观原因就不用多提。既然你是抱着诚心的认错态度，大家肯定都理解，更何况上级在认错时，有时所做的错误之事还有大家出的"一份力"呢? 这种诚恳的道歉方式既可以弥补错误，又能使上级放下思想包袱。想一下一个内心时刻担心所犯错误被暴露的人会是什么感受呢?

道歉时，要有诚意。试想一下，若是道歉时，一副毫无歉意的表情，另一方能接受吗? 当事人若是十分恼火，说什么都油盐不进时，最好找个第三者转达歉意，等对方怒气消了之后再当面正式道歉。诚心的道歉应该以温和的语气，友好地看着对方，言谈诚恳。并且说话要尽量简洁，因为你的态度已经表示了你的歉意，对方已经接受，若是一味啰嗦不停，只会让对方以为你是在以小人之心度君子之腹，反而让对方更加气愤。

小刘和小王都是处里新来的同志。小刘比较机灵，初来乍到表现积极，早上坚持提前半小时到单位，打开水、扫地等活抢着干，副处长看在眼里，喜在心里，常常表扬挂在嘴角。时间不长，小刘满足后就没有恒心了。不再提前上班，反而常常迟到。小王则后来居上，打开水、扫地悄悄地干。但副处长却不知道办公室早已进行了"改旗易帜运动"，仍在一次会议上说："小刘同志到处里以来，工作认真积极，打开水、扫地等活干得最多，应该提出表扬。"言毕，小刘顿时脸红，小王则心里荡起一阵微澜。会后连续一星期，开水也没人打了，地也没人扫了。小王决定以自己的暂时"罢工"向副处长证明一点什么。这位副处长终于沉不住气了，问处里其他同志，才恍然大悟，诚恳地向小王表示了歉意。

会道歉的人不会只为做了错事而道歉，有时候没犯错误也要学会道歉。有人可能会想自己明明没有错，犯不着向任何人道歉。否则那不是自己承认虚伪胆怯吗？事实则不然，学会为没有错误而道歉，有时候也是必要的。一些客观的原因我们无法改变，如突变的天气，拥挤的交通，等等，恰恰这些导致了你约会迟到，你是不是该道歉呢？此时表达歉意便属于一种礼貌了。养成为这些小事道歉的习惯可以消除对方的介意，使事情继续顺利进行，有时候也会增加彼此间的友谊。

若是我们求人所办之事没有办成，即使对方尽力了，但是客观条件不允许；或是事已办成，但是给对方带来了麻烦，远远超出了事情的预想，你难道就不内疚？可能简单的道歉已不足以表达你的心情了吧？此时的道歉是表示尊重。以后再有求于人，也好再开口。

还有一种更特殊的情形，若是对方由于不听你的劝告，犯了大错，自己也吓得不轻。此时此刻你觉得是立马对其进行严厉的教育好，还是先向其表示一下自己的未尽到劝说他的责任的歉意，然后再找适当的机会、场合双方再就此事件论是非好呢？相信采用后者的人，犯错者事后都会对其感激万分，并把其当成是真正的朋友。

12. 批评下属时，怎样说话更有效果？

常言道："良药苦口，忠言逆耳。"所以大多数人对于旁人逆耳的忠言或劝告，都会难以接受。所以，需要找到一种正确的方法，从而使忠言不再逆耳，让被批评者心悦诚服地接受批评，决心改正。所以，作为上级，不论是对下属发出忠告，还是批评教育下属，都不要忘了自己的初衷——让下属改正错误。所以，任何批评教育都不能偏离这个目的，一旦适得其反，那还不如不批评。

有这样一个人，特别喜欢钓鱼。但是由于过度捕捞，水库中的鱼变得越来越少，政府决定保护生物的多样性和生态的平衡，于是就规定每年有一定的禁捕期。这位爱好钓鱼的朋友是在忍受不了不能钓鱼的日子。于是就趁着巡视警察松懈的时候偷偷地溜进水库去"享受"一番。又一次，有一位警察刚好巡视到他的附近，这位钓鱼爱好者非常害怕，他心想，"这下遭了，肯定会被带走拘留了。但又在想，不就是拘留几天吗，没什么大不了的，为了钓鱼值了。"想到这儿，他就非常镇定，等着警察走近把他带走。而当警察真的走近时，不仅没有满脸愤怒地对他大声呵斥，反而是和颜悦色地对他说："大爷，您在这上游洗网，不久把下游的水库给污染了，你可知这个水库是我们全市人民的水源啊。"捕鱼者听到警察这样跟他说，知道警察是在给自己找台阶下，很是感激，于是连忙道歉。从此再也没有在禁渔期偷偷钓鱼了。倘若当时警察对这位钓鱼者大声训斥，效果肯定没有现在这样好。

有很多上级在面对下属做错事的时候，往往会怀着恨铁不成钢的心理，强烈地表达出自己的不满，并会提出自己的忠告，根本不考虑这些话说出后会对下属产生什么样的影响。殊不知，下属也是有血有肉的人，也有自己的自尊心，所以那种强烈情绪表达的批评只会让下属惧怕，迫于你的权威而屈服于你，不会从根本上认识到自己的错误。所以，作为领导者一定要明白自己批评的目的，不要为了批评而批评，在批评下属的过程中不要带着个人的偏见，更不得进行人身攻击，只有这样，才会受到应有的效果。

"从来没见过你这样的糊涂虫！""你不想干别人还想干呢，不要占着位置行不行！"

这类批评是不可取的。因为它只能刺伤对方的心，激起对方的反感。

"不要这么难过，也不要沮丧"，这样的话能使被批评者感受到你对他还是尊重的。

"倘若你觉得我说的是对的，那你可以尝试一下我的方法。""希望你不要让我失望。"

这类话也可以使被批评者感受到你的温情。忠告或批评必须选择恰当的时机，最好是选择没有第三者在场的场合，否则他会认为你故意让他当众出丑，从而增加抗拒心理。

某单位的下属迟到早退的现象非常严重，领导终于忍无可忍了，决定整顿一下工作纪律。倘若自己态度温和，事情就容易过去，这种现象还是会继续出现；如果用威胁命令的口吻说话，那么，同事可能会很反感，会越来越疏远。弄不好还会有同事会撂挑子不干，这样不利于单位内部的团结。所以还得想一个好办法。一般来说，人都有羞耻感，迟到者也不例外。

迟到者不论其理由如何，绝不会视迟到为好事，虽然没向我说声抱歉，但心理上总会感觉不安。在这种情况下，就应当抓住人性的共同弱点，对同事采取采用温和的策略："很对不起，我不了解你有什么困难，如果能够克服的话，我请你注意一下影响。知道你住得远，交通又拥挤，不过我仍然要拜托你尽量不要迟到。"由于你能够体谅他犯错误的原因，也使他感到你不是故意难为他，与他作对。只有这样，他才可能听得进你的批评。

在与别人谈话时，最好不要互相比较，尤其在责怪别人或批评别人时，"相互比较"是最忌讳不过的事。

有一位母亲非常希望自己的儿子成才，就经常总是用左邻右舍的孩子如何如何"争气"、"有出息"来贬责自己儿子"不上进"，以希望自己的儿子可以知耻而后勇。但是，天长日久，长期的指责使这个孩子感觉自己处处都不如人，觉得人生没有意思，在不堪压力的情况下自杀了。

这种母亲在中国社会很常见，因为我们的文化强调为人要谦卑谨慎，不可骄傲自大。但是这种"相互比较"的做法不仅不适合用在孩子教育上，也不适合用在对下属的批评教育上，因为这样做只会让下属感到无限的压力，很难提高工作效率。

有鉴于此，"相互比较"法是一种有百害而无一益的做法，这种做法一方面会打击下属的工作积极性；另一方面还会使下属远离自己，破坏自己的人际关系网。所以在对下属批评的时候，言语要简明扼要，直击要害，最好是用一两句话就能使对方明白。批评教育完之后，要立即转移话题，切忌喋喋不休地列举对方的过错，以免给人留下小肚鸡肠的印象。批评是一个需要艺术指导的工作，它的目的是要犯错者心悦诚服地承认过错，并决心改正。所以说批评这个活儿也是需要讲究技巧的。

作为未来的领导者，你知道如何批评教育自己的下属了吗？

13. 工作中，面对流言该怎么做？

流言就像是一个隐形杀手，它无处不在，无论是生活中、学习中还是工作中，到处都有它的影子。都知道流言可畏，人们只要一不小心就会被其中伤。本来一件很平常的事，也有可能经过添油加醋而变得不堪入耳。虽然能够坦然面对流言的是智者，但是现实生活中又有几个人能做到"无畏人言"呢？特别是在工作中，牵涉到个人利益的时候，又有多少人曾被他人的流言所中伤呢？

小敏刚进单位时，任职行政助理。虽然她只有中专学历，但她做事特别努力，深得大家的喜爱。市场部的张经理是一个重实绩而轻学历的人。没过多久，他就发现小敏身上有一股闯劲。他大胆地将小敏调到销售部门，并独立主持一个区域的工作。

由于工作的缘故，他们经常一起出差，一起吃饭，一起探讨工作。可能因为在一起的时间太多，渐渐地，办公室就传出了他们关系暧昧的流言。起初小敏对此一无所知。但她觉得周围人的目光越来越怪异，有一次，她在卫生间里听到了关于自己的流言。小敏是一个很要强的人，她不能容忍无凭无据的流言再继续下去，她找到了办公室里那个最爱传播小道消息的"小广播"，警告她不要随便乱说话。而对方也毫不示弱，结果，双方不欢而散。

有了这档子事以后，小敏在工作中常常分心。她有意和张经理疏远，但流言还是愈传愈烈。万般无奈，小敏提出了换一个部门的申请。结果，她被换到了公司的售后服务部。可能是因为售后服务部所需要的耐心细致和小敏的性格相去甚远，刚调到新岗位不久，她就与客户发生了争执。

原本，这只是一个工作中的失误，但是，新的流言马上又传开了。有人说："小敏以前在销售部的业绩，都不是自己做出来的，而是张经理帮的忙。小敏根本就不能胜任销售部的工作！"

最后，这样的流言竟影响到了售后服务部经理，他作出了让小敏停职的决定。这一下，小敏不得不来到"头儿"的办公室，进行"恳谈"。但经理态度坚决，希望她作一次深刻反省。

小敏有口难辩，又急火攻心。此后，她不管遇见谁，都要为自己辩解一番，想通过解释，还自己一个清白。可是，谁也帮不了她。她的情绪日渐低落，最后走到了辞职这一步。

一场流言，让原本努力工作的小敏失去了工作，可见流言对人造成的伤害。可是流言的危害不仅仅在于此，1935 年 3 月 8 日，一代影后阮玲玉在人们的流言飞语中结束了自己年仅 25 岁的生命，含恨留下"人言可畏"的遗言，印证了"舌根底下压死人"的俗语。

那么，面对流言，我们该怎样做呢？

首先，不轻信流言。流言的传播者，一般是抱着以下两种心理：一是出于嫉妒，二是借揭示别人不知道的秘密来抬高自己的身价。无论是出于什么样的目的，传播流言都是令人厌恶的。可是有的人面对流言，经常失去判断力，轻易相信流言，酿下苦果。

在日常生活中，常常会遇到别人在你面前说另一个人的坏话的情况。对于这些流言，你应该端正态度，用辩证的思维去考虑，把握好应对的分寸。我们应该明白，虽然嘴巴长在别人的脸上，我们控制不了，可是耳朵却长在我们自己的身上，我们完全可以让那些流言"一只耳朵进，一只耳朵出"，把流言扼杀在摇篮里。

其次，不传播流言。我们在与人聊天的时候，不可能光说正经事，或多或少都会谈及一些题外话。但是一定不要说一些伤害他人的闲话。传播流言总是不对的，不管你是有心还是无意。更何况"言者无心，听者有意"，你不经意的一句话可能就会经过许多人丰富的想象，再经过一番添油加醋，这时就是名副其实的流言了。面对传播流言的你，对方可能没有指责你，但是内心肯定对你早已嗤之以鼻。长此以往，没有人会轻易相信你的话了。

　　某公司决定在一个部门职员中提拔一位，接替即将退休的老主任。赵丹和王芳的业务能力较强，她俩是最有希望的人选。其中赵丹与上层领导关系不错，王芳是老主任面前的红人。上层领导透出口风，计划由赵丹接任。就在这时，发生了一件意想不到的事，公司突然传出赵丹好像存在男女关系的问题。经过调查，这件事是由王芳传出来的。结果，另一位业绩不如她俩的同事接替了老主任。上层领导对王芳不满意，借故将她调到一个效益差的部门去工作了。

　　王芳错就错在传播了同事的隐私，非但没有达到自己的目的，反而受到同事的戒备和领导的批评，"偷鸡不成蚀把米"。真正聪明的人，是不会对别人的隐私感到好奇的，即使知道了，也装作毫不知情。"流言止于智者"，相信聪明的你，也会是一个智者，做一个流言终结者。

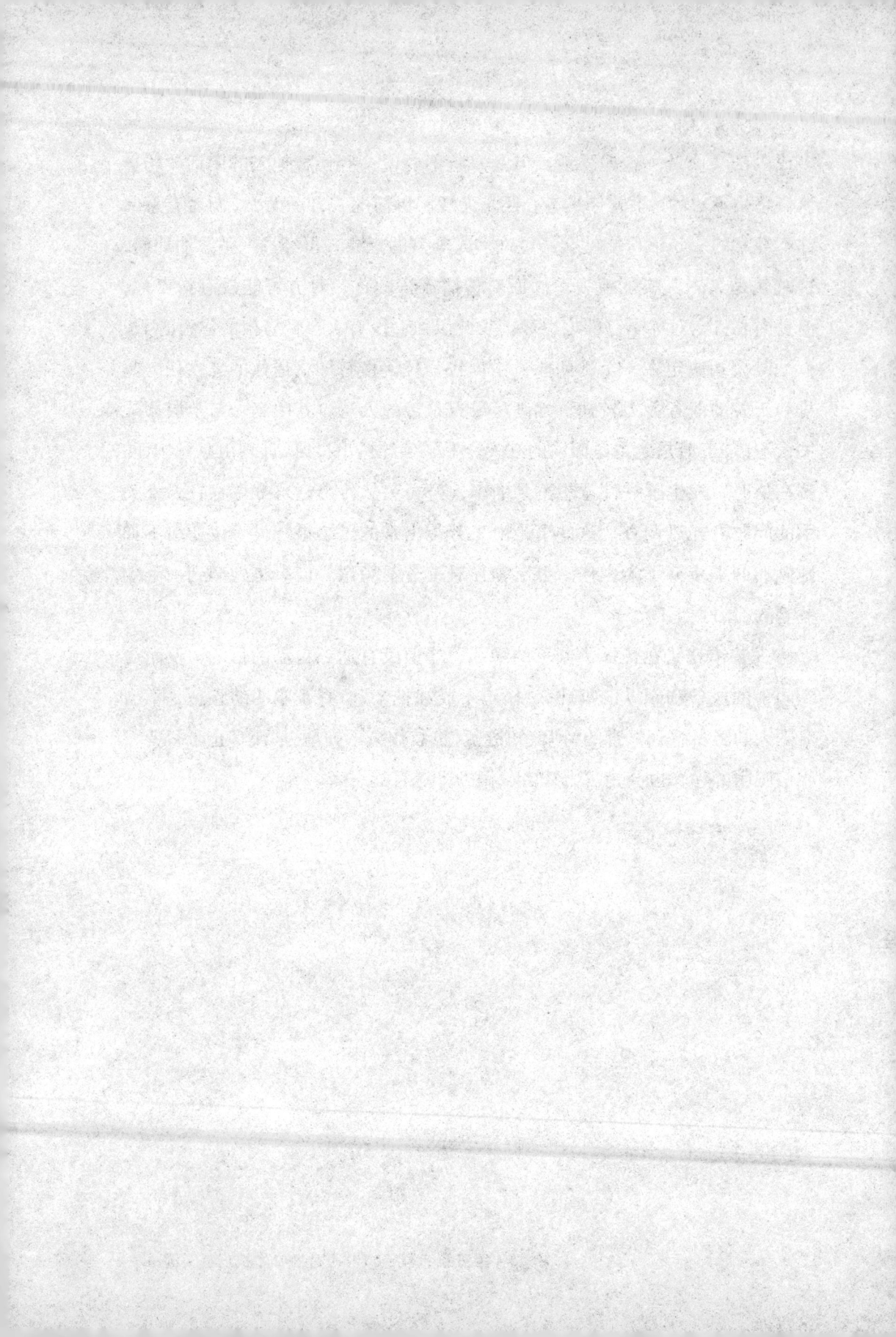

第四章　向上级汇报时的口才技巧及实例

——做一个让上级满意的下属

1. 要赢得上级的信赖，该怎样说话？

　　和同事们谈得来固然很好，谈不来，也不会对你的工作有太大的影响。可是跟你的上级谈话，不论成功与否，都会影响到上级对你的印象，也会影响到你的职业和工作。不过单从口才的角度来看，传统的一味奉承和附和的办法并不一定能给你的上级留下良好的印象。因为首先你就把自己的人格降低了，你无法用这种卑微的身份换得上级的重视和尊敬。对自己的上级，应该用坦诚的态度来面对，就像面对你的朋友和家人那样。

　　杰克任职的汽车修理公司因为不景气而面临破产，公司要辞掉一部分下属。一些下属当得知自己被辞掉后，都纷纷去找经理理论，后来还砸了经理的车。经理发现杰克没有参与砸车，只是在一旁站着。后来，经理在另一家修车行找到杰克，说："你不恨我吗，我让你丢了饭碗？"杰克抬起头说："我知道你已经尽力了，何况这不是你的错。"说完，杰克又低下头开始工作。半个月以后，杰克忽然接到前任经理的电话说："公司已经渡过难关，你随时可以回来上班。"到了公司，杰克才发现这次老下属中经理只招回了他一个人。而经理的态度是，杰克为人真诚，这样的下属是一个公司最需要的。

上级有权力按照他的思路和意图部署工作，包括支配每一位下属，而你作为下属虽然有权力向上级提出建议，但在你的建议未被采纳之前，必须无条件地服从上级，及时、圆满地完成交给你的任务。

有时，上级的决策或安排也并非科学，甚至是不当或者错误的，作为下属，你应该认识到上级有自己看问题的角度。毕竟上级阅历丰富，经历得多，对工作的安排和你处于不同的角度，可能看得更远、想得更全面，所以不应轻易地认为上级错了。倘若上级真的错了，你也应当清楚自己作为下属的身份，注意对上级说话的时间、场合，把握好尺度分寸，尽好自己为上级服务的职责。

工作上，要真诚对待上级取得的成绩，要与之分享成功的快乐，要适时、适度地给上级以赞扬。所谓"良言一句三冬暖"，这种知音般真诚鼓励的话语可以密切双方的感情，拉近彼此的距离。生活上，对上级的"冷暖"及困难要予以真诚的关心，上级也"食人间烟火"，不可能没有"难唱的曲"，他同样也需要别人的关心和帮助。如果在他最需要关怀的时候，你能给其"雪中送炭"，哪怕是一句关切的话语，也足以使他感到亲切、温馨，更会增进彼此之间的感情。

任何一位上级都不会喜欢对自己不真诚的人。以能够容忍部属著称的美国总统林肯曾经告诫下属要真诚对待自己的上级。林肯被誉为"诚实的亚伯拉罕"，当他对别人有看法时，常常会采用真诚而又礼貌的方式告诉对方。

上级对下级有时可能要求比较高，他可能会对下属说："这件事你来做做看。"这时下属如果说："我没有这方面的经验，恐怕……"上级可能会大声地回应道："这还用你说！谁都不是天生什么事都会干。关于这个项目的材料，你先看看，再和我说一下想法。"

其实很多时候，上级给你表现的机会就是想培养你的工作能力，如果你能回报以真诚的话语和真诚的感激，那么你在公司的成功之日就指日可待了！

美国小说家韦拉凯瑟说："真诚是每位艺术家的秘诀，而每位演说家都应该是一位艺术家。这是一个公开的秘诀，十分有效，这如同英雄的本领一样，是不能拿假武器去冒充的。"这句话的意思是说，要用真诚的语言打动人心，使其感动。在与上级谈话时，如果一个人真诚地流露出自己的感情，往往能打动对方，从而赢得上级的信任和尊重。

2. 称赞上级时，怎样说话让其更为受用？

人人都喜欢赞美，上级当然也不例外。实事求是地赞美上级不是阿谀奉承，不是溜须拍马。如实地指出他取得的成绩，表示欣赏他的某种风格、某种作风等，都是赞美。

对上级，最好的奉承就是尽一切可能让他满意，这并不是口头讨好就能做到的。应该预先领会上级的意图，在适当的场合把自己主动准备的预案、设想等提供给上级。自己有了一个好设想，不必急于提出，否则容易引起同事的嫉妒和排斥。甚至引起上级的不安和反感。不如把设想谈给上级听，让它变成上级的想法提出实行，这样，同事之间相安无事，上级也会感到高兴，对你更为欣赏。

有些上级总认为自己的观点是正确的，喜欢固执己见，从来不把下属的意见放在心上。即使事后证明他的想法是错误的，也总会找出各种理由来替自己开脱。面对这样的上级，千万不要直接把自己的观点说出让其定夺，要设法把自己的意图隐藏起来，采用请教等间接的方式，先把上级放在一个较高的位置上，让上级产生被重视的感觉，消除上级在心理上的抵触，在这种情况下，上级的态度往往比较容易发生转变，自己的意见往往也较易被接受。

有时，我们可以抓住上级意见中你认同之处，并大加肯定和赞赏。通过这种含而不露的赞美，会增加你与上级的感情，拉近与上级的距离。赞美下级是对上级的认可、支持和褒扬，是下属与上级搞好关系的"润滑剂"。没有不喜欢听赞美的上级。上级就像是球队的"队长"，需要大家的鼓励和喝彩。

但是，我们要时刻注意称赞上级的方式，有的人就不注意方式，即使说的是称赞的话，不仅上级不喜欢听、不敢接受，就连同事听了也反感，不仅没收到效果，反而还得罪了别人。这就需要在赞美上级时要把握好称赞的技巧。

那么，怎样做才能含而不露地称赞上级呢？

首先，要采用正确的语言。可以用"公众"的语气赞美，与此同时把自己的赞美融入其中。这样往往能收到很好的效果。

王老师要开一门选修课，小李正好这学期有一门专业课是王老师所教，期末还等着他给评分，于是小李不失时机地夸赞道："王老师，大家都很喜欢您的课，我也超级爱听，您要是下学期再开一门选修课，我一定要第一个去选您的课。"王老师听了很高兴。

其次，方法要得当。对于赞扬的方法，要懂得间接和直接并用。直接赞扬，主要是指对上级的当面赞扬，有赞扬的话直接对上级说。

某市召开旅游现场会，负责该会议的上级曾经从事过语文教育工作，在讲话中这位上级旁征博引，语言也不失幽默，大家一致认为他的讲话非常有水平，表达出了本市旅游工作的实际情况。

会议结束后，这位上级向身边的一位记者问道："你认为我今天的发言怎样？听众有什么反响？"

这个记者答道："您今天的发言十分准确，不但把我们市目前的情况做了详细的介绍，而且还向大家描绘了未来美好的前景，我们都备受鼓舞啊！"

这个记者恰当的赞扬使这位上级感到很欣慰。这比直接赞扬"您讲话真有水平！""您的讲话太精彩！"等要容易让人接受。

这位记者恰当的赞扬使这位上级感到很欣慰。这比直接赞扬"您讲话真有水平！""您的讲话太精彩了！"等要容易让人接受。

间接赞扬当中，也包含迂回的赞扬方式。比如，上级作报告，你可以把大家听完报告后的反应转告给上级。这既是直接赞扬，又是间接赞扬。

还有一点，内容要正确得当。赞扬上级时，最关键的是赞扬上级在乎的事情上，找到切入点。若是上级毫不关心的事情，即使你滔滔不绝地赞扬，也会惹来上级的厌烦。上任伊始的上级首次的训话，平时做出的正确的决策，上级开展工作获得的成功，以及上级子女的"金榜题名"等等，都是上级十分关心的事情，对这些事情恰当地进行赞扬是十分有必要的。

某局长非常喜欢自己开车，即使有司机也常常自己过把车瘾，让司机坐在一边，并且乐于谈论车技。一次，司机小刘又遇到局长车瘾大发。当时正值人流高峰时段，局长把车开得稳而不慢。这时，小刘借机说道：

"局长，想不到您的车技这么好。在这种情况下开得这么快，即使是专业司机也少有做到这么好的。"

小刘由衷的赞美让局长十分高兴，并夸他有眼光。

最后，选择合适的赞美场合。当着上级亲属的面赞扬上级时要找到共同点。

例如，小杨到处长家拜访，受到了处长和夫人的热情接待，于是小杨就专门对局长和夫人在接人待客方面的热情、好客赞不绝口。在上级领导面前要称赞自己的上级，更要慎重，以免弄巧成拙。在社交场合，称赞上级要简练，要起到推销上级的作用。

总之，对上级的赞扬要适度，要根据不同的情形采用不同的策略。

3. 要让上级接受建议，该如何注意说话方式？

身为上级，一天到晚要考虑的事情自然很多，他们也许根本没有闲暇来听下属谈与工作无关的事情。因此，如果是要和上级谈公事，就应该把握进言的良机，因为这往往影响着自己能否升迁和加薪。特别是在上级主动征询意见的时候，如果有良策，更应该勇敢地表达出来，只要向上级表达出独到的见解和主张，就有可能赢得上级的青睐，从而给自己获得重要工作打下基础。

很多人都在为怎样向上级提意见或建议，让自己的意愿在上级的行动中执行而烦恼。不少刚出校门的年轻人进取心强，爱想问题，常常大胆直言，却因此得罪上级，个人的发展也大受影响。闷声不语，做个呆头鸡，无法展现才华，很难得到老板的赏识；有话就说，直来直去，什么时候开罪上级，都不知道。说也难，不说也难，可谓进退维谷，两头着难。那么，作为下属到底该怎样做呢？

当下属给上级提建议，给老板想办法、出主意时，要选择适宜的时机，较合适的场合是单独和上级在一起的时候，并且言简意赅，只说一遍，而且以不经意的方式说。如果采用在公开场合提意见的方法，结果只会更糟，对问题的解决无一点帮助，而且对自己的前途也可能会产生不好的影响。须知，许多上级都心高气傲，极爱面子，作为下属在公众场合指出上级的不是，即使说得很对，也会让上级在心里埋怨你不会说话办事。

某公司一位下属想请假，他走进处长的办公室便说："王处长，我明天想请一天假，可以吗？"

虽然公司规定请假是员工的权利，但处长还是习惯性地问："有什么重要的事吗？"

这名下属说得很直接："有人约我去钓鱼。"

其实处长也是个十足的钓鱼迷，但他还是立刻拉下脸来说："明天不是正常的工作日，星期天不可以吗？"

这位下属最后说明约他的人是他女朋友，并且女朋友星期天不休息，处长这才当面答应，然而从此心里对这位下属有了工作不认真负责的成见。

某企业的老总在着手安排招聘事宜时，策划部的一名下属偶尔碰见了他，这名下属率直地说："老总，看你招聘，我就想起了自己当年来公司时的情景，那可是什么都不怕啊，特别渴望有一种成就感。所以，我希望能摒弃下属的那种给人打工的感觉，公开地提出'同公司一同成长'的目标，让来应聘的每一个人都觉得有奔头，该多好！"

老总一听，眼前顿时豁然开朗，认为这是一个好主意。于是，立即对这位下属委以重任，让他到人事部参与招聘和面试工作，使他的才能得到了进一步的发挥。

如果你是一个上进心很强的人，给老板巧提建议，能够在很短的时间内获得上级的赏识，这对你日后在公司的发展至关重要。

一般来讲，上司每天都有很多业务上和人事上的事情要处理，而且上下属之间没有很多接触的机会，因此下属的才能很少能被上级看到。

程伟在大学设计学院毕业后，应聘到了一家公司做宣传部的职员，有一次，程伟正在整理一张宣传的海报，正巧经理来了，在些许的空闲时间看了看程伟电脑上的文档，于是程伟抓住机会向经理请教道："经理，你看看我写的这个行吗？我是这么想的……"

程伟就海报的事和经理展开了详细的讨论，并在不经意间充分向经理展示了自己的专业知识和这方面的天赋。经过一番讨论，经理很赞同他的想法和思路，也看到了他的潜力，为他日后的进一步发展奠定了基础。一年后，程伟成为该部门的负责人。

总之，给上级提建议一定要注意说话的方式、说话的态度和说话的时机。只有各方面都表现得很好，才有可能获得被上级欣赏的机会，而自己的建议也更容易被上级接受。只有与上司熟悉了，从上司的一言一行、回眸顾盼中才可以握住其心理，达到内在的沟通，你才能成为上司身边的"红人"。

4. 想要说服上级时，怎样做更加有把握？

要想烧制出上等的瓷器，最关键的是要掌握好火候。同样的道理，要想说服上级，就要把握好说话的分寸，把握好"火候"。但是，要说服上级并不是一件容易的事，这要求进谏者具有良好的口才，并在说服过程中采取一些策略，这样才有可能让自己的主张得到采纳，既能坚持自己的原则，又能使事情得到解决。说服上级是一种很微妙的艺术。有时候明显是您的观点正确。您却被上级驳得哑口无言。说服上级，首先要对自己的观点有高度的自信，但仅有信心是不够的。还应掌握一定的技巧。

说服上级时，首先应该抓住上级的心理，这样才能对症下药。您可以从上级的"心腹"那里了解上级的想法和内心的需要，换位思考，站在上级的角度想一想，如果您碰到这种问题会怎么想？多向上级提问，从他的回答中观察和倾听，了解他的真实想法和性格特点。倔强性格的上级其观点很难改变，需要一些刺激，而性格温和的上级往往需要采用迂回的方式进行说服。

说服上级的又一技巧是利用同类意识，寻找双方的共同点。如果您与上级有相同的兴趣、爱好、生活习惯甚至出生地，不妨说出来，以期得到上级的认同。一旦上级对您产生同类意识，他对您的心理隔阂就会消除，再进行以后的谈话就会容易得多。要知道，对某件事物的看法，朋友对您的影响可能比理论大师对您的影响更大。

　　当上级从正面已经听不进您的道理时，不能强行与他争辩，应该采取迂回前进的方法。先避开主题，找到他感兴趣一点的话题。从侧面引发上级思考，让上级相信您的话是令人信服的，再逐渐把谈话转入主题，晓之以利害，他就会更加冷静地考虑您的意见。

　　也可以从上级的利益出发。上级能否接受您的意见，一方面要看您的意见是否合理，另一方面要看您的意见是否对公司或者上级有利。所以在阐述的时候，应该多强调上级或者公司从中可以得到的利益。

　　汤姆从事监控工作，他想要一台计算机，以便他能一边监控一边记录对象的活动。下面是他与上级的对话。

　　汤姆：我想要一台计算机，这样我就可以边监控边记录对象的活动，写下准确的报告。

　　上级：我相信你所说的，但是你可以用晚上的时间写报告啊。

　　汤姆：我这样干过，但是老是忘掉一些东西，其他8个人也和我一样。

　　上级：如果我给你买一台，另外8个人也要，那将要花费近2万美元。

　　汤姆：不错，但如果您给我们每人买一台计算机，每周就能增加九天的收入，一个月可新增加7200美元。而且你不必再雇一名调查员了，因为一个月公司可节约36个工作日，已超过一个调查员的工作量。

　　上级：好，我买一台试试，如果真有那么好的效果，将再买八台。

　　汤姆：谢谢您同意我的申请，今后我将更合理地安排时间，提高报告的准确性，我相信我们将获得更多的利润。

另外，还可以借助上级提供的话题，巧妙地加以引申，借以发表自己的独到见解。特别是当上级的话题在理论上站不住脚时，您可以借商榷的时机把话题转移到您所要说的事情上，让上级同意自己的观点，关键是要抓住上级的心理，对症下药。除了上面介绍的技巧之外，还可以根据上级的性格特点，采用相应方法加以说服。

相传汉武帝晚年时很希望自己长生不老。一天。他对侍臣说："相书上说，人的'人中'越长，寿命就越长。'人中'长一寸，就能活百岁，不知是真是假？"东方朔听了，知道皇上又在做长生不老梦，但是不好直说，只好故作沉默，低头假笑。武帝怒问他为何取笑自己，东方朔忙恭敬地回答："我怎敢取笑皇上呢？我在笑彭祖的脸太难看了。"武帝问其故，他答曰："据说彭祖活了800多岁，如果真如皇上刚才所说，他的'人中'应该有八寸长。那么他的脸岂不是有丈把长？"汉武帝听了，也哈哈大笑起来。东方朔就是巧妙地采用了迂回和引申的战术，从侧面表达了自己的意思。

5. 工作失误时，如何向上级解释？

工作中出现失误，知道自己势必遭受责备时，自己主动认错，先责备自己，这样岂不比受别人责备好得多？听自己的自我批评，不比忍受别人的斥责更容易些？而且，在别人批评你之前，你先自我检讨，自我批评，对方多半会采取宽容、原谅的态度。人性就是如此，当你开始承认错误时，会给对方一种自责感，也能让他变得特别有人情味，因为此时，他唯一能彰显自重的办法就是采取宽容的态度，以显示自己的慈悲与宽宏大量。但可惜的是，能这么做的人并不多。

大部分人出于虚荣心，会尽力为自己的错误进行辩护：什么？我错了？

不可能！……即使他知道自己真的错了，他也会说：是这样的吗？但是……，一场争论不可避免地上演了。这么做真是愚不可及！聪明的人会如何做呢？他会歉意地说对方是正确的，然后，迅速、坦白、真诚地承认自己的错误，于是双方会避免冲突，相安无事，有话好好说，自己也给人一种尊贵高尚的感觉。主动认错，不失风范。

有一位商业美术家，曾用主动认错的方法，得到了一位喜欢责骂人的美术编辑室主任的好感。

商业美术家说："我认识一位美术主任，他非常喜欢在小事上找错。我常厌烦地离开他的办公室，并非因为他的批评，而是因为他攻击的方法。

"有一次，我交一件急货给这位主任，他打电话叫我马上到他的办公室去。我一到就看见他用仇视的眼光瞪着我，我明白他在极力找机会批评我，急躁地质问我为什么如此如此做。我当时很平静地对他说：'先生，如果你说的是真的，那么我承认自己做错了。对于过失，我决不推辞。我画图多年，应该知道如何做得更好些。对此事，我深感抱歉和惭愧。'

"这位主任听我如此说，反而立刻开始为我辩护了：'是的，你做得的确不好，但终究这不是一个严重的错误，那不过是……'

"我阻止他说下去，接着自己的思路说：'无论什么错，都是浪费钱，并且都使人讨厌。我应当更小心，你给了我高薪，理应得到最好的工作结果，所以我要将这画重画一次。'

"没想到他却称赞了我所作出的努力，并诚实地对我说：'只要做一个小的改动就可以了，你的这个小错对公司没造成什么损失。而且，毕竟那不过是一个细微的地方罢了。'

"我的自我批评将他所有的怒火都打消了。他最后请我吃午饭，在我们分手时，他给了我一张支票及另外一件工作。"

艾伯·赫巴是一位颇有争议，且具有怪异作风的作家，他那尖酸的笔触经常惹起读者强烈的不满，但是赫巴那少见的处世技巧，却常常将他的敌人变为朋友。有时，一些愤怒的读者写信给他，表示对他的某些文章非常不满，结尾又痛骂他一顿时，赫巴就这样回复道：

"仔细回想起来，我也不是十分满意自己。对于昨天所写的东西，今天也许已经有了变化，我确实有偏激之处。很高兴知道您对这件事的看法。下回你在附近时，欢迎光临寒舍，很愿意与您交换看法，谢谢您的诚意。"

所以，如果你是对的，你适当的语言和态度得到人们对你的同意和支持；当你错了的时候，你要勇于真诚地承认自己的错误。这种方法不仅能产生意想不到的效果，而且在很多情形之下，比强行为自己辩护更有效。

不要忘了那句古训："用争夺的方法，你总难得到满足，但用让步的方法，你可得到比你期望的更多。"

所以，当下次工作出现失误或办错事时，记得及时而真诚地承认错误，别企图为自己的错误遮掩。

6. 想要获得上级欢心，该如何说话？

俗话说，君子坦荡荡，小人常戚戚。对人坦诚相待，反映了一个人的良好修养。下属在工作中要赢得上级的信任和支持，很重要的一点是要让上级感受到你的坦诚。在工作中，不要对上级有所保密或隐瞒，要以开诚布公的态度与上级交往，这样在日后的相处中，上级才觉得你可以委以重任，才能以一种真心交流的态度与你相处，进而了解你的为人。这样，也能为日后自己的上升打好基础。

当你与上级相处时，要主动寻找话题和上级沟通，以打破冷场，这正是你赢得上级青睐的好机会。最恰当的话题就是谈一些与公司有关、上级很关心而又熟悉的话题。有很多话题适合打破冷场："我很想知道您对这件事的看法……"当上级滔滔不绝地发表看法时，你不仅能从中受益，他也会对你这样一个谦虚的听众欣赏有加。

和上级主动沟通要选对场合和时间。

何琳在一家广告公司做广告文案策划。一次，上级交给她一项重要的任务：按照上级的既定思路作一个详细的策划方案。上级先告诉她，客户负责的是当地一个大型房地产公司的项目，并表示这个客户对公司将来的发展很重要。为此，上级先提出了策划思路，让她只要按照这个思路做策划方案就行了。她发现上级的思路有一个致命性的错误，如果按照那个思路作策划方案，肯定会遭到客户的拒绝。于是，何琳又找到上级，当时上级正在开会，但她很着急，当着众人的面直截了当地说："你的思路根本不对，应该这样……"这让上级感觉很没面子，结果是方案给了别人做。尽管最终的策划方案的确不是上级预先的思路，但何琳的那位同事没有像她那样直接顶撞上级，而是私下同上级作了交流，上级主动改正了原有的思路，结果自然是皆大欢喜。

以理服人需要讲究方法，有时候它并不是说服上级的最好途径。如果没有让上级感受到你的坦诚，没给上级留下足够的面子，即使你把某件事情的道理讲得非常明白，也不会起到一点作用。因为人是有强烈感情色彩的动物，生活中情大于理的情况比比皆是，在感情与道理之间，人往往侧重于感情，上级当然也不例外。来到一个单位后，第一件需要做的事情就是要学会主动沟通，与人坦诚相待，说话做事讲究方法。

某次接待外宾的欢迎仪式上，具体负责外事接待工作的干事小沈，因为一时疏忽，把几个外国友人的国籍、名字给弄混了，这让前来会见的市长很是难堪。正处于待提拔阶段的小沈当然能够意识到错误的严重性，如果处理不好，不但不能得到提拔，恐怕连现在的这个职位也难保。好在小沈研究过心理学，于是他借着午餐前与市长、外宾接近的机会，主动向他们检讨了自己的错误。外宾们为小沈的坦诚态度所打动，在市长面前连连称赞小沈诚恳而且友好；市长也为小沈能够在外宾面前及时承认错误、挽回面子感到高兴，并对小沈留下了深刻的印象。两个月后，小沈不但没有被降职，反而经市长直接点名，调到市长办公室担任了科长。

与上级沟通，坦诚、主动的态度相当重要。下属有时迫于周围人际环境的压力，主观上不便与上级进行主动沟通。然而，在工作中存在失误的时候，消极地躲避最终是不可取的，主动地沟通，主动地承认错误、改正错误，才是最好的办法。毕竟下属阅历尚浅，而工作热情和积极性较高，工作上富有开创性，有时工作中有点失误是在所难免的。

每个人都难免会犯错误，犯错并不可怕，但有的下属一旦在工作中出现疏漏或错误，就会感到内疚、自卑，甚至懊悔不已。犯错误后，不去主动与上级沟通、交流、坦白，而是生怕上级责备自己，害怕见到上级。

事实上，犯错误本身并不要紧，重要的是要尽早与上级沟通，取得上级的谅解，并及时地改正错误。相反，若只是一味消极地回避，不但不能取得上级的谅解，反而有可能让上级产生误解，认为你不愿意或者没有勇气来承担这个责任，从而失去对你的信任。这样一来，日后你在这个上级的手下还会有晋升的机会吗？

7. 面对同事变成的上级，交流中应注意什么？

当你在升职大战中落败，以前的同事变成自己的顶头上级时，你心里肯定很不舒服。也许他并不比你优秀，或者他比你进公司还要晚。面对这种上级，很多人喜欢干傻事，要么一气之下辞职不干，要么故意撂挑子，公然表示不高兴，或者采取不合作态度，甚至四处散播谣言。这些做法都不可取，你应该从以下几点做起：

（1）学会解脱，面对现实

升职轮不到自己，当然会心生不快或是嫉妒。然而嫉妒带不来加薪，带来的只是不快的情绪。因此，与其让嫉妒充斥身心，倒不如先平息了心火，平静接受现实。人只有接受了自己，才能得到解脱。毕竟，只有想不通的人，没有走不通的路，只要想开了，一切还是有机会的。要知道，一个人搞定自己才能搞定整个世界。我们可以努力使自己做一个别人不可替代的角色，其价值可能并不比做一个中上层领导要小。而且，现在的上级曾经是你的同事，他肯定知道你付出的努力，一般都会重视你，并依靠你创造更好的成绩，所以就不要有太多的想不开。

（2）用赞美压住嫉妒之火

同事能够得到提拔，肯定有其过人之处。与其心怀嫉恨整天与上级苦脸相对，不如大方地赞美他的优点，让他感觉到你豁达的胸怀和真诚的赞美，说不定你和他能成为好朋友。

（3）取人之长，补己之短

在微软公司中国研究院里有这样的说法：我们是与人的智慧一起工作，而不是与人的年龄一起工作。积极地向上级学习相关知识和先进的管理经验，取其之长，为我所用。如此，不但可以消除你心中的嫉妒，更能让你有所收获，有利于创造良好的工作氛围。

（4）发挥自身特长，寻求升职

冬天已经来临。春天还会远吗？如果你觉得自己比他更优秀，而他已经升职，那么您离升职也不远了。发挥你的特长，努力学习、工作，当你在业务上越来越突出，甚至光芒掩盖了现在的上级时，老板不会视而不见的。

（5）配合上级，创造良好氛围

与别人愉快地合作，本身就是一件乐事，你应该收拾好心中的一丝怨气，把主要精力投入到工作中。对于刚上任的上级。肯定有很多不适应的地方，如果你能竭尽所能地去配合他，他肯定会对你心生感激。建立上下团结一致的工作氛围，于人于己都是有百利而无一害的。

曾经的同事变成自己的上级。你肯定多少有些不适应。应该调整好自己的心态。学会赞美上级。同时在积极地配合上级的同时。强化自己的业务能力。以期得到更好的晋升机会。

张小叶和同事朱晓林一起来到某网络公司，经过一段时间打拼，两人都升为部门副经理。临近年底聘任时，公司传言他俩都会升职，但是正职只有一个，两人心里都很明白。新年开始后，聘任书下来了，朱晓林升为经理。

张小叶在心里给自己鼓劲："既然我们基础差不多，为什么明年就不能是我上去呢？"他努力了一年，努力工作、努力学习，业务越来越突出，其"光芒"甚至已经"掩盖"了上级朱晓林。

到下一年度聘任的时候，张小叶直接去找老总谈了他自己的想法，告诉老总除了大家都看到的以外，他还有哪些优点、长处没有发挥出来。当时他是拿着对该部门的策划书去的，结果，第二年他就升职了。

8. 向上级传达坏消息时，下属该怎样注意讲话的方式？

我们可能都有过这样的经历，身边的人遇到了不好的事情，或是发生了意外不幸之类，恰恰轮到我们去传递这个不好的消息。对当事人来说，这可能是件很难办的事。这时，一旦传递不好，就难免会被对方迁怒。

那么，怎样才能使自己免于陷入这种人际困境之中呢？

其实，只要采取恰当的传达方式，无论是传递什么噩耗，都不会使别人责怪于你。但是你的传递方式是很重要的，因为对方在听到某信息之后，对方会作何理解，产生何种感受，接下来会有什么样的言行反应，这一切的关键就在于传递过程中你所使用的语言。

语言之所以能改变我们对现实的感知，是因为我们是通过语言来沟通和感知的。语言是思想的基础，而思想是情绪的扩展。因此，通过选择正确的措辞，你可以从本质上减轻别人对某件事情的反应。

一般来说，具有强烈责怪意味的语言，千万不要随便使用。人们对于这些字眼往往很反感，很容易让听者感到是对自己毫不留颜面的谴责。比如，人们听到说自己"弱智"等字眼，在心理上就会反射性地产生一种抵触，因为，在人的潜意识中，"弱智"等同于"无能"，难免一听到这个字眼就跳起来抵触甚至发生冲突。

相反，如果使用温和的、循序渐进的、积极的字眼，会让人更加容易接受，比如：将"死亡"说成是"去天堂"，将"签合同"说成是"批准文件"等。这类字眼可以使对方信息加工、内化的速度放慢，降低信息的冲击力，有利于对方接受信息。

咱们来看一个例子，在这个例子中，医生要告诉病人他得了糖尿病。看看两位医生说的话，如果你是那个病人，更愿意从哪位医生口中得知真相？

医生 A：某某先生，很遗憾地告诉你，你得的是糖尿病。化验结果刚刚出来了。不晓得你知不知道，这种病可能是致命的，可能会引起严重的并发症，比如截肢和失明。你这辈子怎么样，就决定于饮食和运动了。我真替你感到难过。

医生 B：你身体状况不错，只是血糖浓度有点不稳。这个结果让我挺放心的，也很高兴你能来做检查，不然它有可能会变严重。不是你一个人得这个毛病，成千上万的人都有糖尿病，这只是听起来有点可怕而已。最好的消息是，处理得好的话，它完全可以控制，你根本就感觉不到。这问题应该已经出现了一段时间了吧，好好注意饮食，适当锻炼，你的精力和体力都会变得更好。

看见了吧，两位医生说出来的信息都一样，但是医生 B 是逐步说出来的，让患者慢慢接受事实，逐步理解了状况，这些做法明显地缓解了消息的冲击力。他的措辞更加柔和，并且传达出积极的信息，比如身体状况会好转。整个调子是积极正面的，而且用了类似"我很高兴……"的话，而不是"我很遗憾……"当然，患者还需要了解更多细节，但不是现在。一旦新消息被消化理解了，就可以告诉他更多信息，而不会引起常见的震惊和抑郁。

此外，在向他人传递不好的消息的时候，还有一个方法能够帮到你。这个方法是以"对比法则"为基础的。所谓"对比法则"是指，人们看待一个事物时，并不仅仅看到事物本身，还会将其进行一定程度的延伸，并与其他事物作比较、对照。也就是说，坏消息如果有更坏的消息作为陪衬，那么就算不上是坏消息了。与"比上不足，比下有余"的意思在本质上是有一定相似性的。正所谓有糟糕的但是还有更糟糕的，总的来说还不是最糟糕的。

小王的车子在例行检修的时候，修理人员告诉小王：

"你的车子需要换个新刹车器。"小王听了相当不悦，认为对方是有意夸大问题，坑他的钱。

但是，如果修理人员告诉小王：

"你车子的刹车器有问题，多亏你及时来检修了，要是再磨损一段时间，刹车器就很有可能在你开车的时候突然失灵……"

这时，恐怕不用对方要求，小王就会主动要求换一个刹车器。因为及时换一个刹车器，与刹车失灵、出车祸比较起来，简直算得上是一件好事情。

总的来说，避免使用谴责意味或带有侮辱性含义的词语，尽可能将事件描述成暂时还是可以接受的，然后再附以已经发生的、更加糟糕的情况做对比，遵循这几个原则，即使你向对方传递的是坏消息，也不会引起对方的反感。

9. 对待上级不公正的批评时，如何用交流化解？

生活中，缺少肚量的人不少见，或是顶头上司，或是孩子的老师，抑或是同在一部门任职的同事等等。即使是上级当中，相信也不乏其人。被上级批评教育是司空见惯的事，不论是上级当面说出，还是间接提醒，相信大家都经历过。有的人习以为常，心想，不就是有则改之，无则加勉嘛。然而有时面对上级的不公正批评时，我们该怎么做呢？

有几位中学教师批评某上级的一本畅销书里病句太多。尽管所言不虚，但这位上级却老大不高兴，不但不真心接受其批评，反而责怪大家"多管闲事"。

某地一县委书记因县报记者据实写了一篇非"正面"的报道，竟将那名自曝家丑的记者开除回家。

某地某官员下乡调查时当面听到一位农民怒斥当地政府乱增摊派收费项目加重农民负担后，竟纵容派出所将那位敢于直言的农民关了几天几夜……

面对这些，我们该怎么做才能尽量避免呢？

作为下属，不要为会赞扬上级而沾沾自喜，也不要为不谙此术而烦恼。因为，决定你事业成败的关键，并非全部在于上级的几句赞扬。另外，对固执己见的上级，下属必须表现出极大的耐心。由于上级的固执，说服上级自然也就不是一件容易的事。尤其是面对上级错误的批评时，更要有极大的心理承受力。

一般说来，这种固执的上级最不能容忍下级对其挑剔和教训。因此，要想说服上级改变主意，就要注意自己从何处着手。要从关心、爱护的立场出发，要处处表现出是一心为上级着想。在思想感情上向上级靠拢，设身处地为上级着想，通过帮助上级，使上级能理解下属的诚意和善意，从内心感到下属是和他站在一边的。这样，思想感情上的共鸣就为下属的说服做好了铺垫，下属的说服也就变得更易于被接受了。

与此同时，说服的企图不应太显眼，更不宜正面对上级讲大道理。有效的方法是就事论事，针对具体的问题，多陈述事实材料和自己的看法，让事实出来说话。

某连的官兵协助当地电视台拍摄纪录片，由于时间紧张，他们在一天中午加班拍摄。当团长到达现场时，发现少带了几件道具，十分恼火，当着全连的面批评连长说：

"你这个连长是怎么当的？怎么组织的队伍？竟然影响拍摄进度！"

连长的面子挂不住了，就辩解了几句，团长火就更大了，喊道：

"你不但不反省自己的错误。还目无上级，我要处分你，现在你就给我回去写检查。"

随行的丁参谋感到团长这样处理有些过火，当天下午找团长反映情况，但团长对自己的意见很坚持，于是丁参谋就先指出连长确实不该当面顶撞团长，说连长年轻气盛，批评了连长一番，然后才说：

"我了解了一下情况，一连道具没带全，是因为布置道具的同志没交代清楚，责任不全在他们。后来导演又做了补救，所以没有影响拍摄。而且当着全连士兵的面被您批得那么狠。您叫他以后怎么带兵呀？"

当天晚上，团长就找丁参谋一起去了一连，他跟连长说："我今天是有点急躁了，误会了你。"连长很受感动，也检讨了自己的问题。

由上述事例可以看出，耐心地对上级陈述事实具有很强的说服力，只要付出一定的耐心，对上级反复加以说明，使上级觉察出自己的错误，就能收到很好的说服效果，相反，若是一味地正面顶撞上级，只会激怒上级，让上级对下属的意见更大，也加强了上级心中错误的想法，增添化解上级的固执的困难。而且在以后的工作中，上级还可能会给你穿小鞋。

我们不妨试着用委婉、巧妙的方式让上级同意你的看法；而如果是你错了，那就要在第一时间诚恳地承认自己的错误。俗话说："用争辩的方法，你不可能得到满意的效果；用让步的方法，你的收获会比你预期的要多得多。"

10. 当上级在交谈中遇到尴尬局面时，下属该如何替上级解围？

一般情况下，下属都希望上级能够在自己遇到麻烦时帮助自己解围，这也是人之常情，可以理解。殊不知，对于上级和下属而言，工作上的支持是相互的和对等的。处于工作矛盾焦点中的上级，也一样期盼下属能在关键时刻为自己解围，只是上级由于种种心理需求等原因不便轻易表白而已。所以，作为下属，善于为上级解围、打圆场、化解上级遇到的危急情况，不仅可以获得上级更多的赏识和信任，还能提高自己的工作能力和在上级心中的地位。

有的时候，我们因为不了解对方的性格而使谈话陷入僵局，从而使双方之间产生矛盾；有的时候，我们会遇到身边的两个人的谈话陷入冷场的情况，作为第三者的我们就有必要调和一下气氛，尤其是跟上级在一起的时候，当上级处于尴尬境地时，适当地打打圆场，会让上级感到你的机智和聪明。

在处理人与人之间交往中出现的矛盾时，常常会遇到这样的情况，双方各有道理，但又都不是完全没有责任的，很难简单地把全部责任归结到其中的一方身上。此时，采取折中办法，大事化小，小事化了是最佳的解决办法。所谓"中庸之道"，在这里就体现出了妙用。那些头脑机敏、出语不凡的能言善辩者，总是寥寥数语就把尴尬的气氛变为活跃，也就是我们说的"打圆场"。

清末年间，陈树屏在做知县的时候，张之洞在湖北做督抚。张之洞与抚军谭继洵关系不融洽。有一天，陈树屏在黄鹤楼宴请张之洞、谭继洵等人，座客中有人提出江面宽窄问题，谭继洵说是五里三分，张之洞却故意说是七里三分，双方争执不下，谁也不肯丢自己的面子。陈树屏知道他们是借题发挥，都不想在众人面前丢面子。尽管他心里对两人这样闹很不满，也很看不起，但是又害怕扫了大家的兴致，于是灵机一动，不慌不忙地拱拱手，言辞谦虚地说："江面水涨就宽到七里三分，而落潮时便是五里三分。张督抚是指涨潮而言，而抚军大人是指落潮而言。两位大人都没有说错，这有何可怀疑的呢？"张之洞、谭继洵二人本来是信口胡说，由于争辩都不肯丢自己的面子，听了陈树屏的这个有趣的圆场，自然也就无话可说了。于是众人一起拍掌大笑，争论也就结束了。

巧用问题的可塑性来调节争论的问题，在身处的环境中发现事物的变化发展，充分加以利用来调节双方的矛盾，既能使双方均不失体面，又能使其体会你的用心良苦，从而达到满意的圆场效果。

慈禧太后爱看京戏，看到高兴时常会赏赐艺人一些东西。一次，她看完杨小楼的戏后，将他招到面前，指着满桌子的糕点说："这些都赐给你了，带回去吧。"杨小楼赶紧叩头谢恩，可是他不想要糕点，于是壮着胆子说："叩谢老佛爷，这些尊贵之物，小民受用不起，请老佛爷……另外赏赐点……""你想要什么？"慈禧当时心情好，并没有发怒。杨小楼马上叩头说道："老佛爷洪福齐天，不知可否赐一个'福'字给小民？"慈禧听了，一时高兴，马上让太监捧来笔墨纸砚，举笔一挥，就写了一个"福"字。

站在一旁的小沈爷看到了慈禧写的字，悄悄说："福字是'示'字旁，不是'衣'字旁！"杨小楼一看心说：这字写错了！如果拿回去，必定会遭人非议；可不拿也不好，慈禧一生气可能就要了自己的脑袋。要也不是，不要也不是，尴尬至极。慈禧此时也觉得挺不好意思，既不想让杨小楼拿走，又不好意思说不给。这个时候，旁边的大太监李莲英灵机一动，笑呵呵地说："老佛爷的福气，比世上任何人都要多出一'点'啊！"杨小楼一听，脑筋立即转过来了，连忙叩头，说："老佛爷福多，这万人之上的福，奴才怎敢领呀！"慈禧太后正为下不来台尴尬呢，听两个人这么一说，马上顺水推舟，说道："好吧，改天再赐你吧。"就这样，李莲英让二人都摆脱了尴尬。

当上级的人，一般都很注意自己的形象，尤其是在下属面前。若是在下属面前折了面子，就会让他们感到威风扫地，在下属面前的完美形象就遭到了严重的破坏。如果在公共场合遭遇尴尬，那是更加令人沮丧的事。此时，作为下属就要站出来，及时帮上级找一个台阶下，缓和一下尴尬气氛，上级也会对这样的下属心存感激，留下好的印象。反之，倘若上级遭遇尴尬时，作为下属不仅不帮助上级解围，而只是一味想着自己脱干系或是一旁看笑话，可想而知，你在这个上级心目中会留下什么样的印象，甚至你在这个上级面前工作的时间也就不会太长了。

11. 拒绝上级时，如何把握说话的分寸？

拒绝上级，是一件令人遗憾而且极具风险的事情，但是有时却无法避免。如果对上级的任何要求都一口应承下来，就会使自己的工作徒增许多麻烦；当您不能兑现承诺时，只会让上级对您失望。把握好自己的原则与限度，学会正确地拒绝上级，才是生存之道。

拒绝上级最重要的一条原则，就是在拒绝时不要让上级对你产生误会，并且拒绝时的态度要坚决。为此，我们可以采用一些委婉含蓄的表达技巧，让上级在遭到拒绝时不至于心生不快，既给上级留了面子，也不在为日后为自己带来麻烦。

夏至爽的性格比较内向，在公司产品开发部门干了几年时间，很喜欢自己的这份工作，上级对他也比较器重。上级为了扶植自己在公司内部的力量，想把他调到人事部，作为心腹培养。夏至爽知道上级的意思，但是实在不习惯人事部那种工作，整天勾心斗角，让人感到很没意思，再说自己很喜欢的现在研究工作。经过一段时间的考虑后，他委婉地对上级说："很感谢您对我的器重，虽然我很想去人事部为您出力，但现在我正在全心研究一套新产品，已经到了比较重要的关头，初步取得了较好的成效，我不想放弃这么多年的研究心血，而且我觉得自己干研发能更好地发挥自己的潜能。"上级想想也是，就没有再难为他，并且夸奖他有很强的团队意识。

不懂拒绝就会害自己，不懂拒绝上级，总是唯唯诺诺，唯上级命令是从的下属并不是最好的下属。他们缺少自己的主见，就免不了会因不懂拒绝而深受其害。

李莉刚进公司就碰上一位对公司来说相当重要的国外客户。谈判伊始，对方就拿出一些国际惯例跟她谈。由于双方的文化背景、思维方式、运作方法存在着较大差异，谈判很快陷入僵局。但李莉是那种绝不轻言放弃的人。她一遍又一遍地研究对方的资料，挖掘对方的弱点，用自己的认真和敬业来感化对方，一星期下来，终于扭转了局面，使谈判成功，李莉也欣然接受了顶头上司吃饭的邀请。李莉说："我当时的高兴劲儿，真可以用眉飞色舞来形容。在上级面前也顾不上矜持，吃过饭，他邀我去跳舞，我也爽快地答应了。"

从此，上级便经常请她吃饭、泡酒吧、打保龄球、逛珠宝店，借口多半是庆祝李莉的出色表现和突出业绩。有时李莉并不想去，但看到上级诚恳的眼神，又想想他是自己的上级，总是不好意思拒绝。上级每次出差都会给她带回一些精致的小礼物，这当然逃不过外人的眼睛。一来二去，同事便在背后议论她和上级的事，这其中不乏对李莉的出色表现心怀嫉妒者。为此李莉烦恼不已，以至相恋两年的男友听到传闻后也来找她理论。他怀疑好强的李莉一定是利用了上级的私人感情才做出那么骄人的成绩。李莉怎么解释他也听不进去，最终两人只得分手，李莉由于情绪低落，业绩下滑，也被炒了鱿鱼。

像上面这个故事，当上级频频邀李莉外出时，即使他真的没有非分之想，李莉也不应该不加拒绝，毕竟男女有别，避嫌之说还是存在的。作为一个下属，在工作中要服从上级的安排，但也要有自己的主见，不卑不亢。特殊情况拒绝上级并非一定是坏事，恰当、巧妙的拒绝能有效维护个人的尊严，也有助于提高你在上级心目中的地位。

在平时自己比较繁忙的时刻，或是上级要求自己做不太熟悉的工作时，定要量力而行，认真考虑再作决定，决不能为了表现自己或担心得罪上级而一味地听从，一旦不能按时完成任务，失面子是小事，承担后果是大事，甚至有被处罚或开除的危险。

孙强是网络公司的一名编程人员，懂点儿技术不假，但做人不踏实，总是犯浮夸的毛病。一天，公司部门上级拿来一份程序方案对他说："这套方案很重要，你能做出来吗？"孙强看都没看就拍着胸脯说："小菜一碟，我这双手没有干不了的活儿！"但结果由于理论知识与实战经验欠缺，孙强把这套活儿干砸了。最终延误了计算机程序开发的时间，孙强被上级无情地解雇了。

其实，上级不喜欢只会说"是"的人。这种人总是盲目地接受命令，缺少独立性、主动性与创造性，很难在工作上做出大的成就，相反还可能因此而影响到工作。

12. 恭维上级时，怎样说才能让上级感到舒心？

人都有这样一种心理，就是愿意听好听的话，毕竟好听的话听着顺耳。只要你恭维得有分寸，不流于谄媚、不伤人格，是可以博得任何人欢心的。恭维的话要说得恰到好处，说得滴水不漏，否则，不但得不到好的效果，有时还会"祸从口出"。不过，高明的说话者总是善于捕捉能恰到好处地恭维他人的机会，并且凭"三寸不烂之舌"获得上级的信任和青睐。但是，恭维的话也不是随便乱说的，更不是任何时候、任何地点，用在任何人身上都能收到好的效果。

事实上，要说好恭维的话，更需要具有随机应变的头脑。因为在这个世界上，很多人都喜欢听恭维的话，即使是那些自诩清高的人，在听到恭维的话时脸上没有堆满笑容，但心里还是很高兴的。不过你的恭维话一定要说得巧妙，看似不经意又说得十分恰当，这样才能让对方听后心花怒放，否则，不合时宜地恭维不但不会引起别人的好感，反而会让别人对你产生厌恶感。

有这样一个故事，某君是拍马屁的专家，就连阎王都知道他的大名。

某君死后，阎王一见到他，拍案大怒："我最痛恨你这种马屁精。"

马屁精忙叩头回答说："那是因为世人都爱被拍马屁。而大王您公正廉明，谁敢拍您的马屁？"

阎王听了，连说："对啊对啊，量你也不敢拍我的马屁！"

说完，回头对牛头、马面说："把他送往天堂吧。"

"可是，他该下地狱啊！"牛头提醒道。

"放肆！这里有你说话的份吗？快送他去天堂！"

阎王也喜欢听恭维的话，何况人呢？

人人都爱听好话，不管是普通人还是上级阶层的人，反而地位越高的人越喜欢听奉承的话。我们要抓住人的这个心理。有的时候当上级十分懊悔和不舒服时，只要旁人说几句得体的美言，便多云转晴了。

事例一：一次，解缙陪朱元璋在金水河钓鱼，整整一个上午没有钓到一条鱼。朱元璋十分懊恼，便命解缙写诗记之。

没钓到鱼已是够扫兴的了，这诗怎么写？写得不好，无疑雪上加霜，自己岂不有生命之忧？

但解缙不愧为才子，稍加思索，立刻随口念道：

"数尺丝纶垂水中，银钩一甩荡无踪，凡鱼不敢朝天子，万岁君王只钓龙。"

朱元璋一听，龙颜大悦。

事例二：南朝宋文帝在天泉池钓鱼，垂钓了半天一无所获，心中不免郁郁不欢。

王景见状便说："这实在是因为钓鱼人太清廉了，所以钓不着贪图诱饵的鱼。"

一句话说得宋文帝拿起空杆高兴地回宫了。

事实上，不是所有的恭维话都能为你赢得好感。恭维话要掂量着对方的心理说，顺着对方的感情说，摸着对方的好恶说，根据特定的事情来选择特定的时机、特定的场合说，运用得体的语气说。如果不根据实际情况，不因事而论，只顾信口开河，那么，你的恭维话就没有任何价值了，而且还会变成遭人反感的"虚伪"、"奉承"。

生活中的一些口才高手在说恭维话时，都能说得恰到好处、说得不留痕迹，而要做到这一点，就需要我们在每次开口前，把话在嘴里过滤一下，什么该说，什么不该说，什么话在什么时候说最恰当，什么话在什么场合说最合适，都要想好了再开口。这样，我们才不会把恭维的话说得一塌糊涂，令彼此尴尬，或者是因为"马屁拍在了马腿上"而得罪了对方。

山川有奇趣，才能引人入胜；科学研究中有奇想，才能燃烧智慧的火花；恭维有奇语，才能攫住听众的心灵，变烦恼为欣慰。恭维要精于思考，选择最佳的表达方式，突出奇语，以奇制胜，但是又不能脱离实际，这就是恭维的学问。

13. 当上级犯错时，该如何适当地指出？

一个人做一天正确的事容易，难的是一辈子只做正确的事而不犯错。当然，这也是绝对不可能的。因此，即使是上级也有错了的时候。这时候，你要懂得怎样说才能帮上级摆脱窘境，或者不动声色，假装什么都没发生过，事后再尽力去弥补。

俗话说，人要脸树要皮。人大都爱面子，视尊严为珍宝。做上级的尤其重视自己面子。作为上级，他是公司的权威，如果不慎作了错误的决定或说错了话，被不知趣的下属揭露出来，无疑会使他的权威受到挑战。这会让他很没有面子，会损害他的尊严，刺伤他的自尊心，再宽宏大量的上级也是难以忍受的。

因此，上级错了的时候，要适时适地维护他的尊严，以免伤害上级，自讨没趣。

某公司召开年终总结大会，上级讲话说错了一个数字。这时一个下属站起来，冲着台上正讲得情绪激昂的上级高声纠正道：

"错了！错了！那是年初的数字，现在的数字应该是……"

结果全场哗然，上级在全体下属面前颜面扫地，顿时面红耳赤，情绪也一落千丈，心中不免十分恼火。

不久，这名下属，因为一点小错误被解雇了。

然而，有些人就做得甚是妥当。

有一家公司新招了一批下属，在上级与大家的见面会上，上级逐一点名。

"杨方。"

叫了好几遍，全场仍是一片寂静，没有人应答。

这时，一个下属站起来，粗声大气地说："上级，我叫杨堃（kūn），不叫杨方。"

人群中传出一阵低低的笑声和窃窃私语，上级的脸色随之阴沉下来。

"报告经理，我是打字员，是我把字打错了。"一个精干的小伙子站了起来，说道。

"这次就算了，下次注意。"上级挥挥手，接着念下去。

时隔不久，打字员被提升为公关部经理，杨堃则被解雇了。

那么，我们能简单地说这个打字员就是在刻意拍马屁吗？每个人都有自己的知识欠缺，犯错误在所难免。在众人面前，给上级一个台阶，对做上级的来说难道不是更好吗？难道当众指出就能显示你比上级出色吗？既然他是上级，就一定会有别人所不具备的特质，这些特质使他完全超越了你。如果杨堃当时应答，事后再巧妙地纠正就不会伤害上级的面子。好在那个打字员主动承认自己错了，才巧妙地让上级从尴尬中走出来。所以上级有错时，不要当众纠正。如果错误无损大局，其他人也没发觉，不妨"装聋作哑"，等事后再予以弥补。

指正上级的错误，最重要的一步是，务必确定上级真的犯了错，但是不能和上级硬碰硬。据理力争，拼死劝谏，以证据公开指责上级的错误，那样只会让上级以为你要摊牌，多半会使你抱负尚未施展就被打入"冷宫"，或是被"放逐"。

一旦百分百确定是上级的错，有纠正的必要时，就要找个好时机和适当的场合，设计好对话思路，委婉地告诉上级他所犯的错误。最好寻找一种能使上级自己意识到，而不让其他人觉察的方式纠正，让人感觉到上级自己发现了错误，而不是下属指出来的。用得恰当的话，一个眼神、一个手势甚至一声咳嗽都可解决问题。

　　所以无论什么事，如果碰巧是上级的错误，作为下属在指正规谏时，要注意给上级留情面，然后想办法弥补损失。这样做既显得你通情达理，又能让上级看到你的工作能力，一举两得，何乐而不为。

第五章　中国式酒局中的口才技巧及实例

——如何在酒桌上做一个儒将

1. 邀请时，如何找一个合适的理由？

俗话说，办宴容易请客难。摆好了一大场盛宴，遭遇宾客稀少的情况在现实生活中并不鲜见。因此，宴请客人可不是一件容易的事。首先如何将客人请出来，其次是请出来之后吃什么，最后是如何才能让客人吃得高兴。这三个方面，难度最大的是如何将客人请出，而不会遭到拒绝。通常遭到拒绝的原因很多，或是大多数人会留恋家中的饮食，作为客人，费时费力去应付一桌动机明确的饭局，即使菜肴丰盛，也不会感兴趣的；或是宴请的理由不当；或是与被宴请者的关系一般；亦或是陪客中有与对方有矛盾的人；还或是认为商务宴请有贿赂之嫌，认为"吃人嘴软，拿人手短"等等。总之，理由众多，不一而足，什么样的情况都可能出现。

作为宴请方，不同的人都有各自宴请的理由和目的。钱钟书在《吃饭》一文中说："吃饭有时候很像结婚，名义上最主要的东西，其实往往是附属品，吃讲究的饭其实不只是吃菜，正如讨阔佬的小姐，宗旨倒并不是在女人。"

商务宴请中，一般来说动机与理由是一致的。但也有例外，有时理由相同，动机不一定相同；有时动机相同，理由又不一定相同。例如许多人在餐馆饭店办酒席请客，动机就不一定相同；同样是因喜事而设宴请客，动机也不一定相同。若是朋友聚会，不拘一格，吃得开心，或至亲相会，同叙天伦之乐，加深亲情，重在一个"情"字；若是礼尚往来，酬谢、回报，重在一个"礼"字；若是结交新友，社会交际，重在一个"利"字；若是为了学习技艺，亲口"尝梨"，重在一个"学"字：若是专为品鲜而来，重在一个"雅"字。总之，各有动机亦各有理由。

　　现在职场上的很多吃请，酒、饭、菜其实都属于附属品，商务宴请在很大程度上已失去了原来的意义，变成了一种排场，一种面子，一种投资，一种交易，一种手段。有人戏言，"革命离不开商务宴请"，"吃饭也出生产力"。

　　或许人们看到商务宴请既十分体面而又毫无风险，最重要的是还可以"创收"，于是请客的理由越来越多，层出不穷，仅仅在孩子身上就有满月、百天、生日、上大学等多次"开发"的机会。更不用说日常的生日、乔迁、工作调动、开业典礼等都要请客。

　　小赵是新分来的大学生，稚气未脱的他和办公室里元老级的同事总有些不合拍，连科长都说小赵有些木讷。其实，小赵不是个内向的男孩子，只是刚从象牙塔出来，不适应纷繁的人际关系。办公室里的同事总能找到理由请客，科长也时不时欣然前往。而小赵更加被孤立，虽然他也在寻找请客的理由，以期拉近和大家的关系，可小赵没有女朋友，生日还有半年多的时间，他实在找不到可以宴请大家的理由，硬要找理由请客的话，又怕落个马屁精的"雅号"。

　　这天，小赵在路边的饭厅吃午餐，看到对面商店门口有个体育彩票销售点。小赵灵光一闪，顿时想到一个好办法。从那天起，小赵开始买彩票，还有意无意地将买来的彩票"遗忘"在办公桌上。小赵买彩票的消息，在同事间不胫而走。还没等大家把这个消息炒成办公室最热门话题，小赵在一天早上郑重地宣布自己中了两万元。下班了，同事和科长被请进了酒楼，酒足饭饱后，小赵从大家的眼神里看到了认可和友好的神情。

从此，小赵得到了大家的好感，慢慢地融入了这个大集体，而这一切都得感谢那次虚拟的"中奖"。

关于宴请，是好是坏，各有评说。有人不喜欢这种场合，有的人却热衷于这种办事手段。作为要面对宴请的你，是主人也好，是客人也罢，如何处理得体，还要看个人。

2. 电话邀请和当面邀请，有哪些技巧？

当面邀约和电话邀约是日常宴请邀约最常用的方式，不管是哪种邀请方式，邀请时要真心实意、热情真挚，这样才能让被邀请者感觉到邀约是真诚的，而不只是人家的客套话而已。邀请者也才能达到自己的目的，请出自己想要邀请的人。因此，为了熟练地运用这两种邀请方式，我们也可掌握一些技巧。

（1）开门见山法

直接提出邀请，说出自己的目的。

比如："你好，王教授吗？我们现在在天香楼吃饭，过来认识几个朋友如何，我们等着你啊。""王哥啊，我在东海大酒店和几位老板吃饭呢，你一起来吧，都等你呢，快点儿啊！"

（2）"借"花献佛法

给自己找一个哪怕是很小的喜事作为由头，达到邀请的目的。比如："张老板！今天我买了一张彩票，中奖了！一等奖（哪怕奖金就 20 元）！走吧，咱们到世纪海鲜酒楼去庆祝一番吧！"

（3）喧宾夺主法

事先调查一下要邀请的对象所在位置的周边环境，然后就近选择一家有特色的酒店，选完后开始发出邀请。

比如："李书记，中午有空吗？一起吃饭好吗？我在你这边发现了一家烧烤店，就在对面小巷中，距离你这里走路也就三分钟就到了，那里的烤牡蛎真是一流，而且环境也不错……真的是休闲吃饭的好地方！"哦！你中午没有时间啊？没有关系，这样吧，下午我去订个位置，然后我们一起去吃怎样啊？晚上我给你电话哦！"

（4）暗度陈仓法

先用其他的东西来吸引住他（她），接着借口这里的环境可能不适合，然后发出邀请。

比如："李书记，这份文献不错吧？昨天我在一家专业网站上还看到了一份更加权威的文献！只是昨晚太晚了，没来得及下载……这样吧，我现在就回家下载那份文献，晚上我们一起吃饭，然后我再把那文献交给您？"

（5）声东击西法

故意拖长拜访时间，然后再发出邀请。

比如："李书记，您的观点对极了，我真是对您佩服得五体投地！时间也不早了，这样吧，我们找个地方一起吃饭，然后您再就这个观点继续给我深谈一下？对面的'绿蔷薇西餐馆'环境棒极了，极适合聊天！走吧！我们现在就过去？"

（6）步步为营法

第二次邀请的时候，最好采用如此招数。

比如："李书记，怎么样啊？上次给您介绍的那家海鲜酒楼不错吧？现在该承认我是寻找美食的专家了吧？最近我又发现了一家川菜馆，那里做的'水煮鱼'真的是一流,今天晚上我们一块儿品尝品尝吧!"

(7)诱敌深入法

先对他(她)提一些无关紧要的问话,然后再提出邀请。

比如:"刘老板,听说你是东北人。我就喜欢东北人,直爽!哦,我还很喜欢吃你们那里的菜!那个大骨头蒸出来吃,还有一股酱的味道,叫什么来着?对!就是'酱骨架'!我特喜欢吃!我知道一个地方,是东北菜馆,他们那里的厨师地道,酱油也很地道,做出来的'酱骨架'简直就是一流,想着我都要掉口水了……这样吧,现在我们就去尝尝?"

3. 点菜之道,言谈间如何做到主客尽欢?

小张大学毕业后在一家公司当秘书。一天,老总准备宴请新下属,让她去酒店预订包房并点菜。到了酒店,面对服务员递上来的菜谱,小张眼花缭乱,不知点什么菜好。点太好的菜吧,担心老总说"太浪费";点一般的菜吧,又怕老总说"小家子气"。最后,只好按服务员的推荐点了一桌菜。结果,因搭配不当,许多菜无人动筷子,浪费了不少。饭后,老总语重心长地说:"点菜也是一门学问,特别是做秘书的,会在工作中遇到各种应酬.要时时做有心人。"此后,小张处处留心人们关于点菜的谈论,努力学习点菜的技巧。不久,小张就成了点菜高手。

点菜是摆在操办者面前一道艰难的问题,甚至可以说,"点菜"之"点",并不亚于战斗前"点兵"之"点"。菜点好了,就能让亲朋好友完全、干净、彻底"消灭"之,不仅会得到老总、客人的赏识,自己在生活中也会有一种成就感,否则,剩半桌子菜等于打了半个败仗,就算可以打包回去吃掉,那也是用两次战役的时间完成一次战斗。应该说,点菜是一个人饮食文化修养的集中表现，是一项复杂的工作，值得人们探讨。

那么，在宴请时，如何点菜才能做到宾主尽欢呢？

首先，要考虑男女老幼饮食上的差异。俗话说"萝卜白菜，各有所爱"。宴请的对象千差万别，所以在宴请之前必须弄清客人的饮食习惯和饮食特点，才能做到有的放矢，达到请客的目的。对他们愈了解，就愈能迎合他们的口味。

其次，要考虑东西南北的不同。俗话说"十里不同俗，百里不同味。"各地人有个自的口味，甚至是同一地方的人口味也不尽相同。北方人的生活环境决定了他们以咸为主的饮食习惯。我们可以在北方人中根据地区性环境差异对他们的饮食习惯进行研究。如河北大部分人喜吃咸，天津人口味咸中微甜，山西人口味咸中带酸辣，东北人喜吃咸酸辣，西北人喜吃酸辣。但是，也不是一成不变的，这就要自己平时多留心观察，具体情况具体对待。

还有就是民族习俗和职业影响的问题。

设宴时，所点菜肴的数量，应根据宴请的人数和宴请的方式来决定，不可铺张浪费。菜肴的数量按实际就座的人数安排，一般来说，冷菜加热菜的总量是人数的二倍就可以了。火爆的家常菜馆，"量足"是一大口碑，就是在一些老字号的高档酒楼，其菜量也是很适中的。

当就座人数不足五人时，可按实际人数额外加几个菜：四人吃饭时，一般3~4个冷盘，3~4个热炒菜，加一个大菜一道汤，1~2道点心就足够了。当然，也可客气地征求对方的意见，哪怕只是客套地询问；十二人一席则九菜一汤或八菜一汤比较适宜，对于烹制方法就可以有多种选择了。而且，一般饭店都有例、中、双上的分量，三五个人点个例就可以了，十人就点个中的，如果食客当中有很能吃的，再考虑是否需要双上。

若是是熟人聚会，不必点太多招牌菜。一次点一个招牌菜、一个果腹菜、一个素菜、一个下酒菜，再点一个下饭菜，三五朋友聚餐，就既能吃得心满意足，又不浪费。

一定不能有"我不缺钱，我点的菜吃不完也没什么"这种想法，如果菜吃不完，不只是浪费食物，而且对餐厅也是一种极其不礼貌的行为。试想一下，若是你是饭店老板，做的菜人家还没吃一半就全走了，你会怎么想呢？

还有一个重要的注意事项，不要忘了征求重要人物的意见。在点菜时，我们一般都会有礼貌地征求一下重要人物的意见，但要注意问的技巧。

某公司，小王刚参加工作，负责接待任务。由于不熟悉业务，点菜时，小王的经常这样问："您吃点儿什么呀？""您来点儿什么？""您爱吃点儿什么？"经常搞得就餐者较为难，一直不知如何回答。有经验的人则不这么问，而是这样问："李书记，您不能吃什么？"，你问人家爱吃点儿什么，那叫开放式问题。要是那人狂点儿，你可就傻了。比如你想点鱼，而且预算的是草鱼，但你问："李书记，来条鱼吧？"结果李书记点了条多宝鱼，你什么感觉？所以有经验的人有两种问法：一个是封闭式问题："李书记，来条草鱼还是鲤鱼？"言下之意等于给对方下一个套，不要想多宝鱼。"喝茶还是喝咖啡？"就是告诉对方，你不要喝人头马。还有一个就是有所不为的问题，了解他不吃什么。一定注意不要犯宗教禁忌或民族禁忌。

任何人在外面吃饭，图的就是高高兴兴，轻轻松松，大家都不喜欢被催着作决定。一定要给每个人充分的点菜时间，保证每个人都有自己喜欢的菜。把菜单合上之后，能保证满足每个人的胃口，让宴请方和应邀者都感到愉快，这才是重要的。

4. 要拉近彼此的距离，如何进行劝酒？

常言道："酒逢知己千杯少。"劝酒时人们往往会摆出许多理由，非要让对方喝下这杯酒不可，但倘若有时候如果对方真的没酒量或者没心情，强行劝酒则只会适得其反；即使对方很能喝，也不要一味只是劝酒，那样的话，除了喝酒还有什么意义呢？酒人们都可以喝，关键是看怎么喝才能喝出效果，喝出情意。所以说，劝酒有分寸，也有学问。

劝酒从来没有什么套路，会劝酒的人就像大侠一样，出招时出人意料，别出心裁，让人惊喜不已，又不得不中招。

这样的劝酒可谓是将其艺术化，将酒桌变得生动有趣，喝酒不再是对瓶吹，也不再喝闷酒，而是喝得其乐融融。酒桌上喝好了，还有什么事办不成呢？

劝酒最需要注意的一点就是切莫强求。每个人的酒量都不一样，有的人天生豪饮，如《水浒传》里的英雄们，大碗喝酒，大块吃肉，不用你劝，人家自己就一碗接一碗地喝上了；但有的人却天生不胜酒力，如《红楼梦》里的林妹妹，吃了螃蟹怕积食要喝点黄酒助消化，却只是拿起酒杯来抿了一下也就放下不喝了，这样的人就算你找出 100 个理由劝酒，她不喝就是不喝，反而还会觉得你非常讨厌，你就是吃力不讨好了。因此，劝酒前一定要观察好，哪些人能喝，哪些人不能喝，找对了人再劝酒，省得碰了一鼻子灰自讨没趣。

劝酒时，要注意在合适的时间和地点，注意风俗习惯的差异。

清朝一位大臣访问他国，在一家饭店宴请外方人士。开席之初，他按中国习俗讲了一番客套话："这里条件差，没有什么可口的东西招待各位，粗茶淡饭，谨表寸心。"不想饭店老板却火冒三丈，认为这位大臣诋毁了饭店的声誉，非要其公开赔礼道歉不可。

劝酒时还要了解对方的性格特点。有的人豪爽大方，兵来将挡，水来土掩，有多少喝多少；有的人较为随和，不会在意自己的面子、架子、位子，很融洽地跟下属就能喝起来，对这样的人劝酒，不用费吹灰之力就能达到很好的效果；有的人天生扭捏，脾气怪，只有他看得起的人才会一起喝酒，万一你哪一点不入他老人家法眼，你就算磨破了嘴皮子他也全当耳旁风，这样的酒就算勉强喝了也没意思，所以对这样的人做做样子，客套一番就罢了。

还最重要有一点就是，劝酒时要宾主呼应，有劝有答，这样的酒喝着才有意思，才能达到通过既劝了酒又增进了感情的目的。

清朝康熙皇帝小时候顽劣成性，为了根治他贪玩的毛病，孝庄太后聘请了济世作为康熙的老师。康熙依旧像对之前的老师一样对付济世。可是这位前朝状元可不是吃素的主儿。他压根儿就不接康熙皇帝的招。后来康熙皇帝觉着这样做没什么意思。就不再捉弄济世，老老实实地跟着济世做学问了。后来，康熙皇帝学成出师，宴请恩师。在席间，康熙举杯敬自己的恩师济世，济世受宠若惊，激动地说："皇上敬酒，老臣岂敢啊。"康熙皇帝笑着说："敬老尊贤，朕应该啊。"

一问一答，简单的一来一往，几字而已。但是就是在这寥寥数语之间，不但消除了因宾主身份、地位差异可能造成的尴尬和冷场，又使气氛得到了很好的缓和。

喝得有意思的原因，在于大家都给喝酒赋予了不同的含义，然后说说笑笑，使得喝酒的过程妙趣横生，如此这般，即使没人劝酒，也喝得津津有味。西汉时候的东方朔是一个极其幽默的人，即使是在饮酒的时候，也不忘调侃一番。

一天，汉武帝兴致很高，决定狠狠地捉弄一下东方朔。于是就换人前往东方朔的住所宣旨让东方朔前来觐见。东方朔知道这位皇帝又要捉弄自己了，就边走边想地去见了这位皇帝。

拜见之后，汉武帝笑着说："听说东方先生智慧过人，朕很想知道东方先生的智慧到底有多少，所以决定先请东方先生与朕的几位大臣开怀共饮，在席间你们一较高下。东方朔赶紧拜谢皇帝的美意，心里却在想着怎么拆这皇帝的招儿。

待大家入座后，汉武帝吩咐侍从前来倒酒，侍从们按照皇帝之前的吩咐，给东方朔倒了一尊掺假的酒，给其他大臣倒的则是纯正的御酒。在大家准备开怀畅饮之际，汉武帝说："诸位爱卿可知道你们所饮酒的名称。诸位大臣依次说出了酒的名称，最后，轮到东方先生说话了，东方朔闻了酒的气味，也喝了一口品尝其味。但饮酒无数的他这回真的是不知道这是什么酒。见东方朔不回答，汉武帝得意地说："想不到我大汉第一聪明才子东方朔也有不知道的事儿，这可真是我汉朝之耻辱……""皇上且慢。"东方朔不紧不慢地说，"微臣知道皇上器重微臣，所以把这最艰巨的任务交给微臣，微臣定不能让皇帝陛下失望。所以这酒不是纯正的大汉御酒，而是来自上天的玉露琼浆，饮此酒可以使人神清气爽，延年益寿，所以这酒一开始就是皇帝对微臣的厚爱，单独给微臣一杯异于众位大人的酒，微臣十分感谢陛下，陛下万岁万岁万万岁。"汉武帝见东方朔如此一说，心中很是不爽，但看到众大臣开始用一种异于平常的眼神看着自己，又不好发作。只好命侍者拿出西域贡酒安抚各位大臣。

酒不醉人人自醉，因此，我们要学会巧妙地在酒桌上增进彼此的感情，拉近彼此的距离。喝酒有讲究，劝酒也有学问。劝好酒，让人喝着舒心，应酬的目的就达成了。

5. 调节酒桌气氛，如何说才能让大家举杯？

如果你想使酒宴高潮迭起，就必须能够使大家频频举杯，"劝君更进一杯酒"，必须具备一定的酒桌"硬功夫"。酒宴越是临近结束，劝酒就越困难。所以要想频频举杯与客人畅饮，就得靠标新立异，新颖别致的话题才能出奇制胜，收到凝聚万般情的效果。

一次商务交往的宴会上，需要借助酒来提兴，但是无论怎样敬酒，客人都礼貌地表示拒绝。然而，事先宴请方得知这个客人如果酒喝不尽兴，就很难与其合作。这时，一位擅长应酬的副总经理举杯说道："各位来宾，我给大家再敬杯酒，这杯酒我借着刚刚呈上来的这盘'浇汁鱼'向各位表示衷心的祝福。如果各位认为我说得对，就请干杯。你们看，吃鱼头，独占鳌头；吃鱼鳃，满面灵气；吃鱼眼，珠玉满目；吃鱼唇，唇齿相依；吃鱼骨，中流砥柱；吃鱼鳞，连连有余；吃鱼腹，推心置腹；吃鱼背，倍感亲密；吃鱼子，财智无数；吃鱼尾，机敏迅疾！让我们共同举杯，为吃鱼给我们带来连年有余，事事如意，干杯！"

众来宾都被他的风趣幽默、独树一帜的祝酒词所感染，不但在座的都立即举杯畅饮，而且那位最重要的客人还表示愿意多喝一杯，让那位副总经理教他这套吃鱼的酒令。

像上面的那位经理在酒宴上为了劝酒采取"即物生情"的办法，收到出奇制胜的效果。人们不仅可以从吃鱼上说起，从吃鸡、鸭以及各种菜肴引申祝酒，也能收到奇效。如贡菜、发菜，为"恭喜发财"等等。当然，采用这种方法祝酒需要掌握好一定的时机和技巧。

在一次接待客商的宴会上，为了劝客人尽兴多喝几杯，宴请方在请客人品尝北京烤鸭时，举杯说道："各位来宾，烤鸭不但味道鲜美，而且包含着祝福和吉祥。人们说，食鸭头，抢占先机，神采飞扬；食鸭脖，曲颈高歌，引吭向上；食鸭胸，胸有成竹，金玉满堂；食鸭腿，健康有力，身强体壮；食鸭掌，红掌清波，事事顺畅；食翅膀，展翅高飞，前程无量；食鸭尾，义无反顾，福寿绵长！让我们为食烤鸭带来的良好祝福，为各位幸福吉祥，激流勇进，劈波斩浪，干杯！"一番精彩的祝词，让人神清气爽，心情舒畅，来宾纷纷要求为食烤鸭的每一个部位的吉祥祝福都干一杯。接着，酒宴又出现了一个新的高潮。

借物生情的办法不但在大的场合有用，而且在朋友小聚时也显得更加灵活。不拘泥于菜肴的引申祝福，还可以随机应变，更加幽默，更加自然。

通过上面的策略，宾主都已经喝得神采飞扬，飘飘欲仙了。这时，为了"但使主人能醉客"，使客人们尽兴，还得借助于音乐的力量。有时候在不是非常正规的商务宴请之后，主人也可以邀请客人一起到KTV饮酒欢歌。

海涅说过，话语停止的地方，就是音乐的开始。人们认为音乐是最抒情的语言。音乐和歌曲的感染力与酒对人们的作用有着异曲同工之妙。虽然在一些正式场合东道主不一定能为贵宾唱上一曲，但精选的乐曲也一样能体现主人祝酒尽兴的盛情。

在一次欢送客人的宴会上，宾主双方在相互举杯诉说将要离别之情倾杯畅饮后，又用歌声互致祝福，频频举杯。东道主即兴弹奏了一首钢琴曲，优美的琴声让人陶醉。这时，来宾举杯祝酒："……我十分感谢王总经理用优美的琴声为我们祝酒送行。那令人陶醉的旋律，时而像一股细流，将友情浇灌，时而展现出一幅美景，使我们憧憬那合作的前程。琴声为我们采一朵春天的幽兰，摘一枝夏日的荷花，撷一片秋天的枫叶，掬一捧冬日的白雪，让四季给我们以青春的诗行。请大家共同举杯，为感谢王总经理的优美琴声，让琴声使我们每一个人都唱响友谊的和声，形成合作的共鸣，干杯！"

无论是友人聚会还是亲人小酌，如果"今日听君歌一曲"，就能"暂借杯酒长精神"。这种伴以音乐、歌声的祝酒方式更能适合随意舒心的气氛。

在一些诸如生日宴会、送行宴会等场合，可以直接唱一曲《生日快乐》、《好人一生平安》《送战友》《让我们举起金色的酒杯》《祝妈妈长寿》……然后，在歌声的感染下举杯祝酒。有时还可以根据客人的喜好，唱一些能勾起人生精彩回忆的不同年代的歌曲。如面对中老年客人唱《让我们荡起双桨》，使人想起了那令人回味的年轻时光，情从心头流淌，酒向心里激荡，歌融情，情祝酒，这时候喝几杯酒又有什么难的？

6. 酒桌上如何反客为主，巧拒劝酒？

有时我们作为客人会面对过于热情的主人，他们在酒宴上借着上菜或者其他情况，相机劝酒，只要有机会，绝不错过让你喝酒的任何机会，以至于使作为客人的我们无法应对。这时我们不妨采用"移花接木"的办法反客为主，来巧妙地避开频频飞来的酒杯。

在一次体育器材生产集团与经销商经营谈判中间的酒会上，主人一方的体育器材生产集团为了制造融洽的气氛，不断借机向来宾祝酒。每一道菜都有精心准备的祝词，每一道菜上来后来宾都在无奈的情况下一连喝十几杯酒，这时又上来了高汤小饺，清淡的汤水中香气四溢，上面有红的、绿的、黄的、黑的、透明的菜叶和粉丝，里面是包得十分精美的小饺子。

来宾们以为此时不会再喝酒了，可就在此时，只见主人一方的一位副总又站起来说道："这道'十全十美富贵汤饺'象征着我们对各位来宾的祝福和我们之间合作的美好前景。清澈的香汤是洋溢的盛情，绿色的菠菜，是合作充满生命力的象征，红色的菜丝是联结友谊的红缨，黑色的紫菜是幸运之星，细长的鸡丝是吉祥的彩藤，清亮的粉丝是友情的结晶。精美的小饺，把一切美好的祝福统统包容。让我们共同举杯，为高汤小饺的完美祝福，干杯！"这时的来宾们已是无论如何也无法喝下去了，再说对方上饺子都能祝酒，那等一下再上什么地方特色的主食还不得都接着喝酒？心悸之余，正要举杯把酒当药往下咽的时候，一位来宾站了起来，慢慢说道："小饺美味加高汤，红绿青紫寓意长，福禄寿喜全包容，十万祝福不倾筋。各位，据我的浅见，食高汤小饺，不能喝酒，不然，不仅会被酒冲淡了饺子的美味，而且也不符合首创高汤小饺时祝福的原意。因此，我提议，我们应该都喝一羹汤，品一枚小饺，方能把祝福的全意领会。"

主人一方知道他是想推却这杯酒，但也想听个究竟。众来宾当然知道他们的这位"智多星"是在帮他们挡酒，自然全力支持。都问道："那是为什么？"只见他拿起调羹，品了一小勺汤，吃了一个小饺后说："这高汤小饺是在清朝光绪年间就已经出现的。后来，慈禧太后因八国联军进北京急忙逃出京城，一路艰辛自然不必细说。一天她逃到了一个小城镇，镇里没有像样的饭店，只找到了一个在当地最好的饺子店。大太监李莲英忙告诉酒店掌柜，让他一定得弄道新鲜点的饭菜，让老佛爷开开心。那小店只经营饺子和一些酱卤小菜，等得又急，要得又好，还要开心，他们经营一辈子哪里见过这个阵势。老板一时手忙脚乱，头上冒汗，束手无策。紧急关头，还是老板娘稳住了阵脚，只见她从容说道：'小二，马上准备高汤小饺，馅要全，要把店里的所有菜肉都加一点儿。汤里的配菜要有红、绿、青、黄、黑五色。'那老板一听，连声说'不行，你不是疯了，咱家祖传的秘方里哪有这种大杂烩馅'。老板娘不理他：'快准备，好了之后，我去上菜。'无奈之下，只有先按老板娘的办法去做。一阵忙乱之后，精心制作的高汤小饺就像咱们桌上的这样精美异常。老板娘亲自端了上去。李莲英一看，忙了半天只上来一碗汤，里面只有几个小饺子，他怕慈禧不高兴，就先问道："大胆刁民，竟敢拿这碗汤来搪塞老佛爷？"只听老板娘从容说了几句话，慈禧不但不责怪她，反而奖赏了她。你们猜，老板娘怎么说的？"

来宾和主人被他的故事所吸引，想知道下文是什么，都盼着他说下去，可他却风趣地劝大家先吃几个小饺再说，并且故作认真地告诫大家千万先别喝酒，否则就会后悔的。众人不知道他的下文要说什么，只好先不劝酒，只是喝汤吃饺子。

他一见这"移花接木"的办法成功，就在众人的再三催促下，又继续讲道："那老板娘按照李莲英事先教好的称呼，跪下说：'老佛爷恕罪。这道菜饭叫做高汤小饺。这鲜美的配菜，选的是五种颜色，乃是五行俱全，必能吉祥。这鸡丝不是平时用的鸡胸脯肉，而是鸡腿肉。意为吉（鸡）多凶（胸）少，这绿色是兴盛之色，象征着老佛爷长寿不老。饺子里包的是各种菜肴，意为老佛爷定能福、禄、寿、喜、吉祥如意都保全。'因为她的小店里没有好酒，不敢给慈禧上酒，只好巧解道：'喝酒古人说是倾觞，吃了高汤小饺就不能轻伤，恳请老佛爷吃这道汤菜时不要喝酒。'"这时众人才听明白，他的用意在于让大家也在吃高汤小饺时"不倾觞"，不饮酒。无论是主人还是来宾，都为他的"移花接木"的做法所倾倒。

7. 酒桌上以酒挟情的劝酒，该如何抵挡？

从前人的劝酒技巧和现实经历中我们相信，酒最能抒情。如果在酒宴上遇到了人们说你："为朋友不能两肋插刀，还不能两肋插酒瓶子吗？"这样包容着千般深厚感情的酒，让你如何能推却得了？可要是喝了下去，你又如何能风采依旧？

如果东道主端起酒杯，尽管他和你刚刚握手，才相识了三分钟，他也会用与你一见如故的话说什么"看着你就投缘，想着你就依恋，你帮助就能成功，你喝酒，他的人生目标就能实现"。一杯酒承担着这样沉重的责任，让你怎能推却得了？

例如，一相见就投缘的感情，相交就知心的热情，素不相识、一见如故的亲情，患难之交的友情，喝了酒之后相互间称兄道弟的真情……面对众多的劝酒理由，要想却之有方，只能采取"以情却酒法"。

在某县的招商引资酒会上，这个县的招商局长举杯祝酒。他端起一只小酒杯，桌子上放着一只大酒杯，说道："尊敬的各位来宾，我们十分欢迎各位嘉宾到我县洽谈合作。为了表达我们的诚意，我向各位敬酒。我们这里有一个特殊的习惯，为了表达我们对最尊贵的客人的敬重，我要代表全县 110 万人民，向各位敬十杯酒。（众来宾大惊失色）这第一杯酒，是一见如故，一切如意，一路顺风；第二杯酒，是两方合作，双方携手，二月春风；第三杯酒，是三阳开泰，三星在户，三江深情；第四杯酒是四通八达，四面进财，四海升平；第五杯酒，是五子登科，五福临门，五谷丰登；第六杯酒，是六六大顺，六韬三略，六合丰功；第七杯酒，是七鸟朝阳，七杯见底，七色彩虹；第八杯酒，是八音迭奏，八方风雨，八面来风；第九杯酒，是九九归一，九天揽月，九色凤鸣；第十杯酒，是十全十美，十分倾心，十分欢迎。"当然，他在说每一杯的同时，都十分认真地用大杯向小杯里倒上一杯酒。

面对如此敬酒，简单回绝已无法抵挡，而敬酒者在大家的一片叫好声中，一饮而尽，然后把小杯的杯底向客人展示了一下，等着看客人怎么喝这杯酒。这是以礼敬酒的典型范例。人家既没有强拼强劝，也没有非让你喝不可，可是如果少喝一杯，似乎对不起人家那代表全县 110 万人民的十杯酒的深情。喝了这十杯酒，又哪里能承受得了？而谁又能马上说出与敬酒人相似又相对应的祝酒词呢？面对如此敬酒，最好的办法就是以礼还礼，你以礼敬酒，我礼貌地不喝酒。你用这么多的数字来限制我，让我得喝那么多杯酒，我就巧妙地回避这个数字问题来回敬你，不然，就会陷进对方设计的圈套之中。只见客人举杯答道："……我们一行十分感谢各位领导的盛情，特别是刚才招商局长的十杯酒，更是既让我们感受到了全县110万人民的盛情，也让我们领略了局长的风采。我喝不了十杯酒，但，我有十杯酒所容不下的激情，我说不出一到十所表达的深意，但我能用一杯酒表达我们对东道主海一样的深情。我不喝十杯酒，而只喝一杯酒，是为了使酒的数量之差，让东道主能对我们留下更深刻的印象。只有这样才能让我们感受到你们所代表的110万人民坚强如山，却不会挡住我们眺望的视线；他们宽广如海，却不会像海一样变幻使人不安；他们热情如火，却不会像火一样，使热量四处传播；他们像水一样温柔，却不会像水那样任意把形象改变。为此，我请大家共同举杯，这祝福全县人民像山，像海，像火，像水，让山的庄严、海的激情、火的热烈、水的柔情永远和你们相伴，让你们拥有山一样的康健，海一样的财富，火一样的生活，水一样的风采，干杯！"

众人一听，礼貌的拼酒，得到了礼貌的回答，又令人觉得得体，富有诗意的语言，赢得了宾主双方的由衷赞赏。都觉得主人敬酒是事先准备好的一套祝酒词，而客人的即兴答词更加精彩，在一片掌声中，纷纷举杯，都同意客人只喝一杯，一个精心筹划的以情拼酒的场面自然也就烟消云散了。

8. 酒桌上，如何敲定大事？

　　生意场上的人或是酒桌上的常客应该都有这样的经验，酒桌上不谈生意，聊闲话聊好了，酒喝好了，生意自然也就谈成了。有时候遇到的人很多都是陌生人，彼此的经历、地位不同，所关心的话题自然也不相同。特别是在你有求于人的时候，如果贸然张嘴，极有可能被对方立马拒绝。因为人都是有戒心的，往往他还没搞清楚你到底要做什么，就由这份怀疑心作祟，出于保护自己利益的目的而断然将你拒之门外。遇到这种情况，不妨动动脑筋，先拉近彼此的关系，从陌生转变为不陌生，直至有共同点，到这个程度你们的交流就会容易多了，虽说这时对方不会立马答应，至少对方会给一个考虑你提议的机会。

　　有位汽车推销员，准备向一位企业家推销自己的进口汽车。一天，这位推销员专程来拜访这位企业家。来到这位企业家的家中之后，推销员始终不提卖车的事，而是拿出自己带来的一本集邮册（这本集邮册是他儿子的）。事先他就知道这位企业家的儿子与自己的儿子是一个班的同学，并且两个人都有集邮的爱好，企业家平时也非常乐于帮自己的儿子收集邮票。于是，推销员就找到集邮这个共同话题，并且一开始就和企业家聊起来了集邮，结果是相谈甚欢。最后临走时，他只是顺口提了一下卖车的事，这笔生意便轻松地做成了。

　　上述事例中的推销员顾左右而言他，先与顾客聊了些看似与车无关的小事，而实际上却与顾客建立了潜在的心理联系，让企业家觉得自己跟这个推销员有共同语言，自然也就对他说的话比较感兴趣了。在建立了联系的基础上，推销员才表示出了自己真正的意图，说了大事，那么大事也变得像小事一样轻而易举，自然而然就获得了对方的同意。

这种由小事到大事的做法，也就是管理学中经常提到的"登门槛效应"。"登门槛效应"通俗地说，就像平时登台阶一样，我们要走进一扇门，不可以一步飞跃，只有从脚下的台阶开始，一个台阶、一个台阶地登上去，才能最终走进门里。这种效应在生活中的应用很多。

针对"登门槛效应"，有两个人做过一次有趣的调查：

两人分别去访问郊区的一些家庭主妇，请求每位家庭主妇将一个关于交通安全的宣传标签贴在窗户上，然后在一份关于安全驾驶的请愿书上签名，这都是一个小而无害的要求。很多家庭主妇爽快地答应了。

两周后，他们再次拜访那些合作的家庭主妇，要求她们在院内竖立一个倡议安全驾驶的大招牌，保留两个星期。该招牌并不美观，应该说这是一个大要求。结果答应了第一项请求的人中有55%的人接受这项要求。

他们又直接拜访了一些上次没有接触过的人，这些家庭主妇中只有17%的人接受了该要求。

从小事着手，再逐渐提出更深层次的要求，点点滴滴的积累，最终将会得到胜利。我们也许有这样的经验，想请别人做一件事，如果直接把全部任务都交给他往往会让其产生畏难情绪，拒绝你的请求；而如果化整为零，先请他做开头的一小部分，在一点一点请他做接下来的部分，他们往往会想，既然开始都做了，就善始善终吧，于是就会帮忙到底。

许多人都观看过马拉松比赛，若是对这一比赛有所了解，那么我们就可以把马拉松比赛看成"小事与大事"的结合。

日本选手山田本一可称得上是"一跑成名"，他在1984年的日本东京国际马拉松邀请赛和1986年的意大利米兰国际马拉松邀请赛中连续两次夺冠，令人们大惑不解，人们都觉得他是一匹真正的"黑马"。

后来，他在自传中解开了这个谜，原来在每次比赛之前，他都会乘车把比赛的线路先考察一番，并把沿途比较醒目的标志记下来，路边的银行、大树、宣传栏，等等。这样从起点到终点，把这些均匀分布的目标牢记在心。

比赛开始后，他全力以赴冲向第一个目标，到达第一个目标后，又以同样的速度向第二个目标冲去……这样大目标就被细化为众多的小目标，依次前进，40多公里的赛程，轻松地跑完了。

人际交往中也正如此。我们不是每天都有大事去求别人，也没有太多的紧要关头需要全力以赴地冲刺。所有的大事可以说都是靠小事积累出来的，所以我们不能等到发生大事才想起来朋友，而忘了用平时的小事来联络感情；也不能发生大事就手忙脚乱，四处求爷爷告奶奶，而是要学会心急而步伐不急，心急而说话不急，平时先用小事拉近自己跟对方的距离，然后再循序渐进提出要求，如此一来，才会有更大的成功的可能。

第六章　中国式宴会中的口才技巧及实例

——做一场皆大欢喜的局

1. 做一个受欢迎的客人，如何坦率、真诚地将自己介绍给他人？

在短暂的宴会上，语言是和别人交流沟通的主要方式。你的言谈将决定你是一个受欢迎的人，还是一个让人讨厌的人。做一个受欢迎的客人，将使你赢得更多的朋友，或许还有更多意想不到的机会。

要学会将自己坦率、热情地介绍给他人。

假设你现在是被介绍当中的一个，如果刚才给你们介绍的主人把你们双方的名字说清楚，把双方的职业也介绍了出来，那么，开始说话是轻松的。如果那位介绍人没注意介绍的方式，介绍时口中念念有词，一只手向双方指了一指，就算是介绍了，之后你可能完全不知道那位先生姓甚名谁。

这时，有些人为了尽快逃脱尴尬，干脆采取敷衍的办法，与对方点个头，随便寒暄几句后找个机会，立即溜到别处；另外有些人，则不管对方是张三李四，双方坐下来就"今天天气很好……哈哈哈"瞎扯下去，敷衍一番过后，最后还是溜之大吉，把对方晾在那里。

上面的做法都是不可取的。前者相对默然，非交际之道；后者瞎扯一通，浪费时间和精神，彼此心里都知道只是敷衍而已，没有实质性的交流，自然也谈不上为以后的交往建立一定的基础。

　　在社交场合中，你可能会结识一些不平凡的人，也说不定有些人会成为你的知己。或是遇到一些有成就的人，能给予你宝贵的经验和帮助。如果你仅是敷衍了事，很可能会失去一个大好机会。因此，我们应该用更好的方法来应付这一种场面。

　　若是在宴会上，由于忙碌或一时大意，主人没有将你介绍给其他客人，你大可不必觉得有失尊严，而羞于主动将自己介绍给他人。如果主人在旁边，为尊重主人起见，可以率直地请求主人帮你介绍。主人如果正在忙碌，你不妨主动和别人握手打招呼，同时大方明快地说出自己的姓名，作一个完整的自我介绍。这种做法通常是不会被拒绝的。别人出于礼貌，也会告诉你他的姓名，接下来就可以愉快地交谈了。

　　自我介绍是打开与人交往的大门的钥匙，精彩的自我介绍能够给他人留下深刻的印象，使人产生与你交往的强烈愿望。一般有以下一些自我介绍的技巧：

　　首先，自我介绍时要自信平和、落落大方、不卑不亢，千万不要扭捏作态、言辞闪烁、环顾左右。要勇于向他人展示自己，树立自信，让别人产生希望与你交往的愿望。

　　其次，自我介绍时分寸把握要得当，要自谦和自识，避免使用"很"、"最"等极端化字眼。有人自我介绍时，左一个"我"，右一个"我"，以自我为中心，有人把"我"的形象树立得很高大；更有甚者，一提到"我"时便洋洋自得，这样的自我介绍不免让人反感甚至讨厌。

　　最后，自我介绍要有自己的个性，简单地介绍姓名留给别人的印象很平淡，而有个性的自我介绍则能给别人留下深刻印象，让别人对你有更深的记忆。

　　小峰是一名记者，在一次朋友举办的家宴上，由于大部分人是第一次见面，小峰这样介绍："我喜欢写诗，可写不过舒婷；我喜欢唱歌，可唱不过毛阿敏；我喜欢主持节目，她俩可能比不过我……"小峰巧妙地把自己与名人相比，既显示了自己的才能，又显示了语言幽默的特点，博得了大家的好感。

2. 宴会开始时，主客分别应该说哪些话来调动宴会的氛围？

　　不管是在饭店里还是在家里，聚会时总缺少不了一个带头组织的人，这就是我们说的"主人"。不言自明，为了使聚会顺利、热烈地进行下去，真正达到增进关系和交流感情的目的，聚会的主人负有莫大的责任。要想在聚会上营造活跃、热烈的气氛，主人一方面必须找到合适的话题，使大家在推杯换盏之余能够兴致盎然地畅谈起来，另一方面也要适当运用自己的语言技巧，使客人在良好的交谈氛围中如坐春风。

　　那么，为了达到这样一个好的氛围，我们选择交谈话题时有什么可以遵循的方法吗？

　　一般来说，提及对方和你都熟悉的人，会增加亲切感，谈话内容自然也会增多；当然，也可以借助热门话题，因为热门话题大多数人都感兴趣，不管说得深还是浅，对方都能插话。发现对方的兴趣，要仔细观察，留意试探，于细微处见品性。

　　小邓在一次家庭聚会上，看见一位客人聚精会神地欣赏他家中墙上挂的"制怒"二字，他猜测对方可能有克服易怒缺点的要求，于是便问道："你平时很容易发脾气吗？"对方答："我很容易冲动，但明知自己有这个毛病，有时却控制不了。"小邓由此打开话题，先是表示非常理解，继而谈出自己的看法，对方也就同一问题谈出感想，两个人谈得甚是投机，这样就缩短了初次相识的距离。到最后，两人颇有"相见恨晚"之感。

有些人在初识者面前会感到拘谨，这一点不用太担心，有可能只是双方之间没有发掘共同感兴趣的话题所致。这时，你不妨提出一些他能答并且喜欢答的问题，或讲些兴奋的事，让他感到心中有话，不吐不快，并提起精神与你交谈。你可以询问其亲身经历过并感到愉悦的事。比方说，问起他怎样取得新近的成绩，问起他怎样买了价廉物美的东西，问起他怎样在公众场合做了件令人赞赏的事，这些都能激起他的兴趣，消除他的不安情绪。

其次，注意发现共同点，找出合适的话题。这就需要你做个有心人，你可以从主人的介绍中发现对方与自己的共同之处。

事例一：张斌和刘向互不相识，一次他们在朋友的家宴上见面了，主人对这对陌生人做了介绍，后来他们发现彼此都是主人的同学。于是马上就围绕"同学"这个突破口进行交谈，很快便认识和了解了。

事例二：小刘不慎踩到了旁边一位老者的脚，他忙道歉说："对不起，对不起。"老先生笑着说："你是哈尔滨人吧！"小张奇怪地点点头，老先生忙说："我曾经在那里工作了三年，那是十年前的事了，现在哈尔滨变化挺大吧！"这样一路下来，小张同老先生谈得很投机。老先生就是从小张的口音中找到了"哈尔滨"这个双方的共同点，从而展开了话题。

掌握对方心理状态，最重要的就是要看出对方当时的心态。大凡人的感情，难免会受身体情况、精神状态，以及经济情况、家庭环境等各种不同的因素影响。所以对于这些就必须加以注意，并作进一步的分析和研究。在和对方谈话时，只要稍加留意，就不难发现对方正被哪些因素所左右、牵制着；而你根据以上的因素，暗中作一番分析和探讨之后，再掌握对方的心理状态，也就容易多了。

小群姑娘应邀参加朋友的家宴，宴会后还有小型舞会。由于当时正是她脸上长"粉刺"最严重的时候，颇有点"不敢见人"的感觉，便躲在一个角落里，以致等到舞会过半也没人来邀请她。这一切都被一位男士看在眼里，便走过来邀请这小群"赏光"，姑娘自然是又惊又喜。更令她感动的是，当一曲终了，男士又夸了小群一句："你的舞跳得不错嘛，干吗躲在一边让人不敢请？"一来二去，两人便熟了起来。

只要我们把握时机，每个人都可以在适当的场合认识别人、开创新的友谊，前提是你有意与别人交往，再加上适当的聊天话题，那就不难打开别人的心扉，意想不到的效果自然正在等着你。

3. 宴会上，如何说好吉利话？

鲁迅在散文《立论》中讲到一个故事：一户人家生了个男孩，全家都很高兴。满月的时候，抱出来给人们看，自然是想得到一点好兆头。客人们众说纷纭。一个说，这孩子将来会发大财的；一个说，这孩子是要做大官的。他们都得到了主人的感谢。只有一个人说："这孩子将来是要死的。"——虽然他说的是一种必然，但还是遭到大家一顿痛打。从讲话艺术的角度看，他不顾当时的特定情景，讲了一些不合时宜的话，遭到大家的痛殴，这是他活该。

因此，在婚宴、生日宴会这样的场合，如何说好吉利话，是我们要掌握的学问，否则，就会成为宴会上不受欢迎的客人。

恭贺语言要得体热情。得体的恭贺语言要不着痕迹，不动声色。但要做到真假都令人乐于信服，就要语气恰当，分量适中，正中下怀。切不可廉价低俗，弄巧成拙。

清朝末年，李鸿章位高权重，文武百官都想讨他欢心，以便使他多多提携自己，能升一官半职，也好光宗耀祖。这一年，中堂大人的夫人要过五十大寿，这自然是个送礼的大好时机，寿辰未到满朝文武早已开始行动了，生怕自己落在别人后面。

消息传到了合肥知县那里，知县也想送礼，因为李鸿章祖籍合肥，这可是结攀中堂大人的绝好时机。无奈小小的一个知县囊中羞涩，礼送少了等于没送；送多了吧，又送不起，这下可把知县愁坏了。思来想去拿不定主意，于是请师爷前来商量。

师爷看透了知县的心思，满不在乎地说："这还不好办，交给我了。保准你一两银子也不花，而且送的礼品让李大人刮目相看。"

"是吗？快说送什么礼物？"知县大喜过望，笑成了一朵花。

"一副寿联即可。"

"寿联？这，能行吗？"

师爷看到知县还有疑虑，便安慰他：

"你尽管放心，此事包在我身上。包你从此飞黄腾达。这寿联由我来写，你亲自送去，请中堂大人过目，不能疏忽。"

知县满口答应。

于是第二天，知县带着师爷写好的对联上路了。他昼夜兼程赶到北京，等到祝寿这一日，知县报了姓名来到李鸿章面前，朝下一跪：

"卑职合肥知县，前来给夫人祝寿！"

李鸿章看都没看他一眼，随口命人给他沏茶看座，因为来他这里的都是朝廷重臣，区区一七品知县，李鸿章哪能看在眼里。

知县连忙取出寿联，双手奉上。李鸿章顺手接过，打开上联："三月庚辰之前五十大寿"。

李鸿章心想：这叫什么句子？天下谁人不知我夫人是二月的生日，这"二月庚辰之前"岂不是废话。于是，李鸿章又打开了下联：

"两宫太后以下一品夫人"。

"两宫"指当时的慈安、慈禧，李鸿章见"两宫"字样，不敢怠慢，连忙跪了下来，命家人摆好香案，将此联挂在《麻姑上寿图》的两边。

这副对联深得李鸿章的赏识，自然对合肥知县另眼相待，称赞有加。而这位知县也因此官运亨通了。

恭贺语言要符合习惯。由于国别、民族、地域、信仰等差别。习惯要求也不是一致的。表达者需要入乡随俗，使自己言辞符合接受对象的习惯。否则就要出差错、闹笑话。

一个美国人应邀参加一个中国人的婚礼。他感到新娘很漂亮，便按美国人的习惯，老老实实地向新郎赞美说："你妻子真漂亮！"新郎基于中国人好谦虚的习惯，连忙说："哪里，哪里。"美国人傻了眼，他想："怎么？还非得具体指明是哪里漂亮吗？"于是，他仔细地说："眼睛。"见新郎不解地盯着自己，又赶紧补充说："还有鼻子、嘴唇、眉毛、头发……"双方按自己的习惯表达，而忽视了接受者的习惯要求，当然要闹笑话了。

4. 宴会上与高于自己身份地位的人交谈时，应注意些什么？

参加宴会时，会碰到各种不同身份的人，面对对方不同的身份、地位，我们说话的语气、方式当然也不应千篇一律。如果不明白这一点，对什么人都是一视同仁，则可能会被对方视为无大无小，无贵无贱。聪明人都是懂得看对方的身份、地位来说话的，这也是个人修养的体现。平常我们所说的"某某人会来事"，很大程度上就体现在"见什么人说什么话"的才智上。这样的人不但能得到上级的器重，也会赢得同事或下属的喜欢。

首先，与地位高于自己的人交谈。

与人交谈时，本质上是个体对个体，思想对思想，人格对人格，情感对情感的平等的交流。不管对方的地位有多高，与其交谈时，你应该既尊重对方，又要不卑不亢、大大方方。应该同常人交谈一样，表情自然，言辞妥帖，适时地发挥你的聪明才智和独到的见解，这样才会体现出你的个人魅力，而不是一味地唯唯诺诺，对方也会对你有个好的印象。

在于地位高于自己的人交谈时，要记住一点，对方也是一个平凡的人，明白了这一点，面对他们也可以做到像是面对常人一样。任何人都有快乐、伤悲，有常人有的七情六欲。他们也有自己的内心恐惧，别人不经意的疏心可能会对其造成伤害，别人的吹捧也容易让其傲慢。知道这些，就掌握了与他们交谈的突破口。

擅长交流的人在与地位高于自己的人交谈时，会保持自己的个性和独立的思想，而不是一根随风倒的"墙头草"。与此同时，与地位高者谈话还应注意表现出尊敬，对方讲话时认真地听，在对方讲话时不随意插话，除非对方希望自己讲话。在回答问题简练适当，尽量不讲题外话，并且说话时要自然，不紧张。

明白了以上几点，还要在交谈中学会适度地恭维。恭维要圆润巧妙，最妙的恭维是不露痕迹，不让人看出你是别有用心"拍马屁"，既抬高了别人又不贬低自己。

南朝齐代有个著名的书画家叫王僧虔，是晋代王羲之的四世族孙。他的行书、楷书继承祖法，造诣很深，一手隶书也写得如行云流水般飘逸。当朝皇上齐高帝萧道成也是一个翰墨高手，而且自命不凡，不乐意听别人说自己的书法低于臣子，王僧虔因此很受拘束，不敢显露才能。

一天，齐高帝萧道成提出要和王僧虔比试书法高低，于是君臣二人都认真写完了一幅字。写毕，齐高帝萧道成傲然问王僧虔："你说，谁为第一，谁为第二？"

若一般臣子，当然立即回答说："陛下第一"或"臣不如也"。但王僧虔却不愿贬低自己，明明自己的书法高于皇帝，为什么要作违心的回答呢？但他又不敢得罪皇帝，怎么办？王僧虔眼珠子一转，竟说出一句流传千古的绝妙答词："臣书，臣中第一；陛下书，帝中第一。"

他巧妙地把臣子与皇帝的书法比赛分为"臣组"和"帝组"，并对之加以评比，既给皇帝戴了一顶高帽子，说他的书法是"皇帝中的第一"，满足了皇帝的冠军欲，又维护了他自己的荣誉和品格，使皇帝更敬重他的风骨，觉得他不是那种专门拍马屁的家伙。

果真，齐高帝萧道成听了，哈哈大笑，也不再追问两人到底谁为第一了。

另外，还要注意一点，恭维要投其所好，对其胃口。有些地位高的人不免显得有些许傲慢，与他们打交道不妨采取投其所好的方式，对其业绩、学识、才能等给以实事求是的赞美，使其荣誉心、自尊心得到满足。这样就可以从心理上拉近距离，能起到左右他们态度的作用。

有位生性高傲的处长，一般生人很难接近，他的生硬冷漠面孔常使人望而却步。有位外地来的办事员听说了他的脾气，一见面就微笑着扔了一支烟说："处长，我一进门就有人告诉我，处长是个爽快人，办事认真，富有同情心，特别是对外地人格外关照。我一听，高兴极了。我就爱和这样的上级共事，痛快！"处长的脸上立刻露出一丝笑容，接下去谈正事，果然大见成效。

可以看出，这位办事员进门时的那几句巧妙的恭维话起到了很大的作用，使这位处长听着很受用，即使处长平时再高傲，此时面对办事员给自己树立的美好形象，自然也就不好意思给一个尊敬自己的人难堪了，也自然会在维护自我形象的心理支配下变得和蔼可亲起来。这种心理是大多数人都有的。这位办事员自然也就容易把事办成。

但是，在恭维时需注意两个方面，首先是要实事求是。恭维的内容不能无中生有，而要确有其事，对方才会感到高兴。其次恭维要适可而止。恭维在这里不过是使高傲者改变态度的手段，是交际的序幕。如果只是一味恭维，而不及时转入正题，就失去了意义，会让对方觉得你是虚情假意。

还要注意的是，恭维不可过火。《北梦琐事》中说王光远是个急功近利的人，巴结上司，出入达官显贵之家。如果某某是他巴结奉承的对象，即使这个人的诗写得一般，他也会这么说："实在了不起！这样的好诗哪怕是李白、杜甫也写不出来。"对方喝醉酒，无论怎样责骂他，他不仅不会生气，而且还赔笑脸。

有一次，上司喝酒喝醉了，拿着鞭子对王光远说："想要打你，怎么样？"王光远却说："只要是阁下的鞭子，自当乐意接受。"说着他转过身子，把背部向着上司。上司真的打了起来，可是王光远一点也不生气，依旧和颜悦色，还始终说着客套语。同席的朋友们对王光远实在看不过去，就问他："你不懂得耻辱吗？"王光远毫不隐讳地说："我只懂结交他有益无害。"世人称他是"面皮厚如铁"，这便是"铁面皮"一词的由来。

所以，拍马屁要讲究艺术，只图效果，搞得太露骨，会让人感到肉麻，最后弄得不好还会适得其反，也就是说被拍的人也接受不了，产生反感，如果是这样，还不如不拍得好。

总之，与身份地位高的人交谈，要注意维护对方的威信和尊严，虚心向地位高的人请教，这样才能够使对方感到你对他的尊重和信赖，进而获取进一步的深入交流。

5. 与宴会上不同性格的人交谈，如何巧妙应对？

在宴会中，会遇到性格迥异的人，这就需要我们对不同的对象，运用不同的说话技巧，并用诚恳的态度和得体的语言表达，以达到交流感情、增进友谊的目的。

首先，面对爱说话的人。

一般来说，爱说话的人性格外向，喜欢直来直去，和这类性格的人交谈，相对容易些，但也要注意，要有耐心对这类人，你要有足够的忍耐工夫，不管他说得怎样，都要耐心地倾听，这会让他非常高兴。哪怕你一句话不说，他也会视你为知己，你要接话或插话，也要等他说完。避免争辩，不要让争辩伤了感情，通过争辩来说服对方、压倒对方，你不但一点好处也得不到，反倒会带来许多害处。

那么，我们也不乐意于一直都听他一个人的滔滔不绝的言谈，为了避免这种局面，让大家都有话说，这时你可以委婉而善意地提醒对方。

一天，老王请几位朋友吃饭，拉着小薛前去陪酒，席间为了活跃气氛，就随便找了些话题闲聊起来。小薛是一个天生的足球迷，正巧此时餐厅的电视上正播放着足球比赛，于是小薛来了劲，和大家神侃起足球来，从国内到国外，什么欧洲杯、世界杯，曼联、巴萨、皇马……各位球星战绩及成名史……开始时还有几个客人和他闲聊几句，可是见对方实在没完没了，就慢慢地不作声了。这时，老王端起一杯茶水递过去："讲了这么久，一定口干舌燥了吧，先喝口茶润润喉咙。"在座者忍耐了好久，此时也微微会心一笑，小薛也就不得不有所收敛了。

其次，与沉默寡言的人交谈。

沉默寡言者一般性格比较内向，与这类人交谈，不必因为双方没什么话题而感到不自在；如果太刻意地没话找话，有时反而会讲出一些不伦不类的话来。谈话时要注意对方的眼神及表情，如果对方显出耐心倾听的神情，就可以说下去，否则，应止住话题。

不要以自我为中心。做到忘记你自己，不要没完没了总谈你个人的事情。人人都喜欢谈自己最熟知的事情，那么，在交际时你就可以事先了解别人的兴趣所在，而尽量去逗引别人说他自己的事情，这才会使对方显得高兴，接下来的交谈就会是愉快而轻松的。

探明其兴趣所在，尽量将其感兴趣的话题作为大家谈论的主题。主人要耐心地与沉默寡言者进行交流，了解其兴趣所在。一般来说，即使再不喜言谈的人，遇到自己感兴趣的话题也会喜欢说几句的。特别是当他对某一问题的看法埋藏很深而终于得以发表出来时，他会获得很大的满足感，自然会促使他滔滔不绝地讲下去。

有时难免会碰到这样的人，无论你怎么讲，他就是不主动发表自己的看法。那么，面对这样的情形时，我们可以刺激对方，然后对其进行热忱的赞美，这样就自然而然地调动了他的积极性，也让其感到了一定的自豪感。

例如在大家谈论某一问题时，你可以突然向一言不发的他发问："这位先生，能请教一下您的高见吗？"对方可能一时会很尴尬，但是碍于面子，他也不能不说几句，此时你再抓住他话中的闪光之处大加赞赏："您半天不说话，原来肚子里藏着这么精辟的见解，您能再详细讲一讲吗？"这样一来，对方的信心受到了鼓舞，也许会就此打开话匣子。

还可以给对方找一个"志同道合之人"。这主要是针对那些因教育程度、文化背景迥异而不想发言的人来说的。这些人不一定不健谈，关键是他感到自己无法与身边的人交流，有一种"道不同，不相为谋"的感觉。遇到这种情况，可以在座者中介绍一位与他在某些方面有共识的人，让他们从共同熟知或关心的话题聊起来，同样也能调动他的积极性。

再次，要时刻准备把话送到对方的嘴边。

不善言谈的人或许是反应太慢，亦或是词汇量太少，总之其共同的一个表现就是总是词不达意，找不到恰当的用词表达自己的想法，因而常常一句话停在半路，无法再说下去。这个时候，你最好主动、及时地把人家需要的那个词送到他的嘴边，同时作出很受启发的样子。

一位不善言谈的老教授在谈论一个历经艰难完成的一个课题时卡了壳："这是个、这是个……"此时如果你明白他要表达的意思，最好帮他一把："困难重重！"他抓住了这个词，就会马上说下去："对！这是个困难重重的问题！"这样，彼此间的交谈也就得以继续下去了。

当然，最好选择一些对方熟悉且容易交流表达的话题，这样的话题与其交谈，可以缓和他的心理压力。比如对方是位搞研究的学者，你最好多问问他所涉及的那个学术领域的情况，别问他一些你认为有趣但却令他难以回答的问题，如此一来，你们之间的谈话自然就会顺畅得多。

6. 宴会上碰到想要结交的人物，该如何说话搭建起交流的桥梁？

在宴会上，特别是一些档次比较高的宴会上，往往有很多我们平时耳熟能详但私下不能接触到的高端人物。若是遇到这样的宴会，面对不认识的人，有的人可能就会心想，反正我也不认识他们，他们也不认识我，权当这些高端人士为透明物，视而不见，而那些有心之人则不会放过这些千载难逢的机会，他们会努力展现自己，推销自己，以结识更多的朋友，为自己以后的事业发展铺砖积瓦，奠定基础。

小君是一位国内某著名大学知名教授的得意门生，有一天，小君的导师对小君说："今天晚上在我市最好的酒店有一个宴会，参加这个宴会的都是我们这个领域的知名学者和专家，我今天晚上要去参加一个项目的洽谈会，分不开身，你要是没什么要紧的事情就代替我去一下。顺便也多认识一些前辈，结交一些朋友。"小君很愉快地接受了老师的安排。

　　晚上七点钟，小君准时出现在宴会的地点，由于是第一次参加这种高规格、大规模的聚会，小君的内心无比激动和兴奋，拿着酒杯穿梭于各种各样的人群中。兴奋之余，小君也不忘此次参加宴会的重要目标就是结交前辈和同道中人。

　　于是小君开始四处搜寻自己的"猎物"，这时，小君发现一个年龄和自己差不多的人，于是小君端着酒杯朝这位同龄人走去。

　　小君走过去说："您好，我是某大学某某教授的学生小君，今晚代替我的导师来参加宴会，我看我们年龄差不多，你不会也是代替你的导师来的吧？"

　　这位年轻人说："我是陪我教授来的，我导师现在站在那和另外一位教授聊天呢，我叫小林。"

　　"难道你是张教授的学生吗？我仰慕张教授好久了，张教授在我们这个专业领域内提出了很多有见地的观点，并提出了自己独特的理论模型。我和我的同学都很佩服他，你竟然是他的学生，实在是太厉害了。"

　　小林不好意思地笑了笑，说："你实在是太抬举我了。"

　　小君趁势接着说："你待会儿能不能给我引荐一下，我想跟张教授合一张影，再索要个签名，顺便请教几个自己比较困惑的问题。"

　　小林连声说好。

　　由于张教授还在忙着和另外一位教授说话，所以，小君就继续和小林聊天，两人从专业方向、就业前景聊到足球、篮球等各自喜爱的体育活动，聊得很投机，大有相见恨晚的感觉。

这时候，张教授结束了和另外一位教授的谈话，小林和小君一起走到张教授的面前，小林对张教授说："这是某某教授的学生小君，一直都很崇拜教授，他有一些困惑想要向教授讨教。"

张教授笑着说："欢迎提问啊。"

在接下来的时间里，小君和张教授聊了很多专业的问题，张教授都给予了详细耐心的回答。在宴会结束后，小君记下了张教授和小林的电话，在以后的时间里经常打电话聊天，慢慢地，小林和小君成为很好的朋友，而张教授觉得小君是一个勤学上进的好青年，于是就推荐小君读美国一个知名教授的博士。

小君就是一个有心人，虽然自己不认识参加宴会的很多人，但是他没有抱着那种无所谓的态度，而是积极寻找各种途径结交新的朋友，他通过观察参加宴会的众多人，找到和自己年龄差不多的小林，即找到两者的共同点——年龄，通过这条线和小林有了深入的交谈，又通过小林认识了知名学者张教授，在自己的努力推销下，使张教授对自己形成了很好的印象，并在张教授的推荐下前去美国学习。

所以说，在宴会上我们要是想认识、想结交某个对象，首先要获知对方的有关信息，这样事情就好办了，你可以充分调动有关知识，和他就这一话题攀谈下去："我两年前也曾去过，你是哪个县的？"诸如此类与自己办事毫无关系的话题，如果有空儿，即使要谈上一阵也未尝不可。

现实生活中，这种献殷勤、套近乎的方法也常常用于求别人办事的时候，一旦关系密切后，别人就是想拒绝你的请求也"却之不恭"了。表面看起来，陌生人很生疏，与之接近难于上青天，其实不然，因为对方不了解你，同时也不好随便拒绝你。只要话语客气，礼貌表达，多在话里头抛几个"绣球"给他，自然关系就近了。

7. 面对宴会上的责难，应该说哪些得体的话来应付？

任何人都没有未卜先知的能力，正如社交宴会上，我们不知道会发生什么样的突发情况。也许你要见的人当中有以前与你有过积怨的，也许你没有想到对方的饮食禁忌，也许你说了对方不爱听的话而你又浑然不知，等等。所有的这些事情都会让你陷入尴尬的境地，甚至遭到对方的责难。这个时候，你所面临的情况就可能让你措手不及，一时免不了有些失态。这种时候掌握一些应变之道就显得十分必要。

那么，面对着宴会上的这么多人，遭遇责难时我们该怎么处理呢？

当我们面对的是善意的责难时，不妨采用幽默的办法轻松化解，既可以使自己轻松下台，又可以活跃现场气氛，同时这也是一个人的个人修养的体现。

有一个人很"惧内"，同事拿他取笑，问："你家里的事，到底谁说了算呀？"；他回答："大事，我说了算；小事，夫人说了算。例如，决定什么是大事呀，什么是小事呀？这种小事，就是夫人说了算！"众人笑了，他也笑了，也是一片轻松愉快。原本别人本想取笑他"惧内"，让他在众人面前"出出丑"，然而，他的幽默引来了笑声，自己也轻轻松松地解了围。

当我们面对的是恶意的责难，比如听众故意刁难说话者，搞恶作剧，以达到让发言者难堪、出丑的目的时，就需要针对不同的情况采取相应的应变技巧。

（1）难得糊涂

卡耐基曾经建议他的学生应该"糊涂"一点。当然这种糊涂并不是真的糊涂，而是大智若愚的技巧，是一种处世智慧，是知、情、意三个方面的综合体现。

糊涂只是指表面上糊涂，心里却明白，用糊涂的表面掩饰自己的真实内心，麻痹对方，然后再反守为攻，克敌制胜。在论辩中，是指面对对方的谬论，假装不明白，没发现他的本意，故作曲解其意，使其丢丑。

俄国诗人普希金年轻时，有一天在彼得堡参加一个公爵的家庭宴会。他邀请一位小姐跳舞，小姐傲慢地说："我不能和小孩子一起跳舞。"

普希金灵机一动，微笑着说："对不起，亲爱的小姐，我不知道你正怀着孩子。"说完，他很有礼貌地鞠了一躬后离开了她。那位高傲的小姐在众目睽睽之下无言以对，满脸绯红。

在这里，如果说这位小姐拒绝普希金的邀请是傲慢的话，那么在大庭广众之下，故意把一个年轻人称为"小孩子"，则实在是太无礼了。对此普希金"假痴不癫"，佯装不知道对方话中的"小孩子"是指自己，而故意把对方说的"我不能和小孩子一起跳舞"曲解为"不能和肚中的孩子一起跳舞"，既保住了自己的尊严，又给了对方以极大的讽刺和回击。

（2）模糊避难

在历史故事和现实生活中，有许多巧问妙答都可以说明善用模糊语言不失为一种明智之举。

据说王安石的小儿子从小口齿伶俐，智慧超凡。常常以惊人的妙语博得四座叫绝。有一次，客人想考考他，便指着一个关着一只獐和一只鹿的笼子问他："你说，这笼子里关的哪只是獐，哪只是鹿？"这孩子从未见过这些动物，当然难以分辨。但他思考片刻便答道："獐旁边的是鹿，鹿旁边的是獐。"他没有明确指出哪只是獐，哪只是鹿，但他巧妙地运用了模糊语言，从而摆脱了困境，博得了满堂的喝彩。

（3）幽默解围

在丘吉尔执政的最后一年，他出席一个政府举办的仪式。在他身后不远的地方有几个绅士窃窃私语："你看，那不是丘吉尔吗？""人家说他现在已经开始老朽了。""还有人说他就要下台了，要把他的位子让给精力更充沛更有能力的人了。"当这个仪式结束的时候。丘吉尔转过头来。对这两绅士煞有介事地说："唉，先生们，我还听说他的耳朵近来也不好用了。"

丘吉尔知道，自尊自爱就要以适当的方式来表达思想感情，而不是感情冲动。丘吉尔自己就是一个特别幽默而善于解围的人。

一次宴会上，丘吉尔先生和他的夫人面对面坐着。丘吉尔先生的一只手在桌子上来回移动，两个手指头向着他夫人的方向弯曲。旁人对此十分好奇，就问丘吉尔夫人："您丈夫为何这样若有所思地看着您？他弯曲着手指，来回移动又是什么意思呢？"

"那很简单"，丘吉尔夫人回答，"离家前我俩发生了小小的争吵，现在他正在承认那是他的过错，那两个弯曲的手指表示他正跪着双膝向我道歉呢！"

（4）以牙还牙

孔融10岁那年，有一次到李膺家做客，当时在场的都是些社会名流，大家问他许多问题，孔融应答如流，得到了宾客们的称赞。但有一位叫陈韪的大夫却不以为然，讥讽地说："小时候聪明，长大了未必也聪明。"孔融立刻回答道："我想先生在小时候一定很聪明吧？"

孔融采取的是以其人之道还治其人之身的应变形式，以问代答，把对方投过来的"炮弹"又原样给弹了回去。作答的语言一般都带有明显的嘲弄味和讽刺味，通常是由对方出言不逊、讽刺挖苦所引起的。这样的语言表达方式一般出现在不友好的双方之间，是回答方对不礼貌的提问方以牙还牙式的回击。

8. 宴会上帮助别人体面地下台阶时，该如何说？

在交谈中，由于种种原因，有时有人说的话会自相矛盾，使自己陷入一个极为尴尬的境地。这时，若是能适时地为陷入尴尬境地的人提供一个恰当的"台阶"，使对方免丢面子，是处世的一大学问，也是为人的一种美德。这不仅能赢得对方的好感，而且也有助于自己树立良好的社交形象。否则对方没能下得"台阶"而出了丑，可能会记恨终生。相反，若注意给人"台阶"下，可能会让你们成为永久的朋友，让其对你感激一生。

做一个外圆内方的人，不但要注意尽量避免因自己的不慎而使别人下不了台，而且还要学会在对方一时找不到好的台阶下时，巧妙、及时地为其提供一个"台阶"。

比如不着痕迹，巧搭台阶——即能使当事者体面地"下台阶"，又尽量不使在场的旁人觉察。这是最巧妙的"台阶"。

在一次大型招待会上，一位外宾在吃完最后一道茶点后，顺手把精美的景泰蓝食筷悄悄"插入"自己西装里面的口袋里，我方工作人员不露声色地迎上前去，双手擎着一只装有一双景泰蓝食筷的绸面小匣子说："我发现先生在用餐时，对我国的景泰蓝食筷颇有爱不释手之意。非常感谢你对这种精细工艺品的赏识。为了表达我们的谢意，经餐厅上级批准，我代表中国大酒家，将这双图案最为精美并且经过严格消毒处理的景泰蓝食筷送给你，您看好吗？"那位外宾当然明白这些话的弦外之音，在表示了谢意之后，说自己多喝了两杯"白兰地"，脑袋有点发晕，误将食筷插入内衣口袋了，并且聪明地借此"台阶"说："既然这种食筷不消毒就不好使用，我就'以旧换新'吧!"说着取出口袋里的食筷恭敬地放回餐桌上,接过工作人员给他的小匣,不失风度地继续与别人交谈。

工作人员没有让外宾"出洋相",而是委婉地暗示对方的错处。外圆内方的人往往都会这样不动声色地让对方摆脱窘境。

有时候,还需要我们转换角度,巧妙化解。换一种态度面对对方的尴尬举动,可化解其中的可笑意味,缓解对方的紧张心理。

第二次世界大战时,一位德高望重的英国将军举办了一场祝捷酒会。除上层人士之外,将军还特意邀请了一批作战勇敢的士兵,酒会自然是热烈隆重。没料想一位从乡下入伍的士兵不懂酒席上的一些规矩,捧着面前的一碗供洗手用的水喝了。顿时引来达官贵人、夫人小姐们的一片讥笑声。那士兵一下子面红耳赤,无地自容。此时,将军慢慢地站起来,端着自己面前的那碗洗手水,面向全场贵宾,充满激情地说道:"我提议,为我们这些英勇杀敌,拼死为国的士兵们干了这一碗。"言罢,一饮而尽,全场为之肃然,稍顷,人人均仰脖而干。此时,士兵们已是泪流满面。

故事中,这位将军为了让自己的士兵摆脱窘境,恢复酒会的气氛,采用了转换角度的办法,不但不讥笑士兵的尴尬举动,而且将该举动定性为向杀敌英雄致敬的高尚行为。使这位乡下士兵不但尴尬一扫而尽,而且获得了极大的荣誉,成为在场的焦点人物。

有时候,不该插嘴说话的时候,就尽量少说,特别是在宴会上当着众人的面纠正某人的错误时,因为虽然自己逞了一时之快,但是毕竟让对方面子挂不住。如果真出现这种情况,就需要适时圆场,平息争论。

一次卡耐基参加宴会时,坐在他右边的一位先生讲了一段幽默故事,并引用了一句话,意思是"谋事在人,成事在天"。

那位健谈的先生说他所征引的那句话,出自《圣经》。这肯定错了。卡耐基很肯定地知道出处,为了表现优越感,便很讨嫌地纠正了那位先生。

那位先生立刻反唇相讥："什么？出自莎士比亚，不可能！绝对不可能！"

那位先生坐在右边，他们的朋友法兰克·葛孟在卡耐基的左边，他研究莎士比亚的著作已有多年，于是两人都同意向他请教。葛孟听了，在桌下踢了卡耐基一下，然后说："戴尔，你错了，这位先生是对的。这句话出自《圣经》。"

那晚回家的路上，卡耐基对葛孟说："法兰克，你明明知道那句话出自莎士比亚。"

"是的，当然。"他回答，"《哈姆雷特》第五幕第二场。可是亲爱的戴尔，我们是宴会上的客人。为什么要证明他错了？那会使他喜欢你吗？为什么不保留他的颜面，他并没问你的意见啊，他不需要你的意见，为什么要和他抬杠？"

9. 宴会上失言说了不该说的话，应该如何补救？

任何人，即使圣贤也会犯错。在宴会上与人交谈时，即使雄辩无人能敌的人，也无法避免偶尔的言谈失误。虽然原因种种，但造成的后果都是我们不想得到的。那么，这个时候，我们该采取什么样的方法进行补救呢？

（1）转嫁失误

美国前国务卿基辛格是一位成功的外交家。一次，他在接受意大利女记者法拉奇的采访时，说起自己成功的外交施政时，竟夸口说道："美国人崇尚只身闯荡的西部牛仔，而单枪匹马向来是我的作风，或者说是我技能的一部分。"此番话一经报纸发表，马上引起轩然大波，连一贯赞赏基辛格的人们也不满于他好大喜功的轻率言论。然而，基辛格毕竟是基辛格，他不但沉住了气，还明智地主动接受采访并乘机声明："当初接见法拉奇是我平生最愚蠢的一件事。她曲解了我的话，拿我来做文章罢了。"

基辛格如此这般的否定，让两人的谈话的真实性披上了未指定的色彩，究竟谁真谁假，让外界人难以明辨。这便是一种转移别人注意力的方法，也可以说是一种转嫁失误的方法。它可以减轻失误的严重性，但在一般情况下，运用此法应该谨慎。因为它实际上是把错误推给别人，不到万不得已最好少用，以免损了自己的声誉，失去他人的信任，久而久之，自己也会声名狼藉。

（2）及时补充

有时我们发表言论时，可能会由于疏忽而漏掉了重要的条件，或是盲目作出了偏颇或错误的论断，这样就很容易授人以柄，遭到难以应对的诘难，以至于丧失了交际中的主动地位。这时，我们应当及时补足缺漏的前提条件，或是给自己偏颇的结论限定一个特定的范围，保证其在此范围内的绝对成立，等等。经过类似的及时补充，原本不充分的条件变得充分了，推导不出的结论也变得有理有据了，别人也就不好再抓把柄。

1981年，白宫突然得到里根遇刺的消息后，总统办公厅一片慌乱，不知所措。富有经验的国务卿黑格出来维持局面。黑格曾任美军驻欧洲部队司令，脱下军装后又当上了国务卿，一向以果断、稳重而知名。但他听到里根被刺的消息，也慌了手脚，还闹了个笑话。

一个记者问黑格："国务卿先生，总统是否已经中弹？"

黑格回答："无可奉告。"记者又问："目前谁主持白宫的工作？"

黑格答道："根据宪法规定，总统之后是副总统和国务卿，现在副总统不在华盛顿，由我来主持工作。"

这一回答引起了轩然大波，记者们议论纷纷。另一个记者马上又问："国务卿先生，美国宪法是不是修改了？我记得美国宪法上写明总统、副总统之后，是众议院院长和参议院院长，而不是国务卿。"黑格听后明白是自己失言，急中生智反问道："请问在两院院长后又是谁呢？他们都不在白宫现场，当然由我来主持了。刚才为了节约时间，少说了一句话而已。"几句话便自圆其说为自己解了围。

在这个事例中，黑格因为情况紧急，疏忽了宪法中关于国务卿主持白宫工作的规定，结果被记者抓住把柄，加以刁难。此时黑格如果承认自己记错了宪法上的规定，显然有失一位国务卿的颜面，于是他急中生智，迅速补充了一个必要的条件，众、参两院院长都不在白宫，所以由国务卿主持工作也就合情合理了。顺利摆脱了不利的局面。

（3）承认错误

敢于承认错误的人最终都是会被给予新的机会的，哪个人不会犯错呢？以坦率道歉来挽救过错，以真诚检讨来赢得宽恕，比遮遮掩掩、文过饰非要高明得多。当你不小心说错话，不妨公开承认错误，相信大家都会欣然接受，并最终谅解你。

一次，前美国总统杜鲁门的女儿玛格丽特开演唱会，被评论家休姆批评得一文不值。杜鲁门一气之下写了封信去责骂休姆，称他是"蹩脚的评论家"，"希望有朝一日遇上你，那时，小心你的鼻梁。"这封信被休姆公开于世。总统的形象一落千丈，杜鲁门明智地选择了公开道歉的方式，他诚恳地对人民说："我的感情十分脆弱，有时候会控制不了自己。"总统的举动非常难能可贵。他不仅不因自己的出言不逊而失去民众的支持，更因自己的一腔真情换来了更多的支持者。这也验证了中国的一句古谚："塞翁失马，焉知非福。"

（4）巧妙别解

在东三省所向披靡的大帅张作霖，曾留有一段巧解歧义的佳话。一次，他在宴会上为日本人题字，字题完后，落款本应写作"张作霖手墨"，但大帅一时疏忽大意，将"手墨"写成了"手黑"。秘书见状忙暗示大帅更改。

他却哈哈大笑，对秘书喝道："我怎会不知道这'墨'字底下有个'土'？就是因为这个'土'是某些人梦寐以求的东西，所以绝不能给他们！这叫寸土不让！"

这几句话既巧妙掩饰了自己把字写错的尴尬，又驳斥了日本军国主义者，一时传为美谈。

第七章　商务谈判中的口才技巧及实例

——让结局尽量在掌控在自己手中

1.谈判开局的语言策略，有什么讲究?

有人用了一个形象的说法，策略只不过是你到达你要去的地方以及让其他人和你一起到达那里的一种方法而已。同样，谈判开始时也需要良好的语言策略，这样能使后续谈判顺利进行。

那么，谈判的开局时有何语言策略可以采用呢?

在双方见面之初，为了创造出一个良好的谈判气氛，能够顺利地将交谈导入下一阶段的正式谈判，精明的谈判者多半会选择一些中性的话题作为谈判的开场白。

谈判伊始，为什么需要选择中性话题来开场呢? 这是因为对中性话题的谈论有利于情感的沟通，容易引起双方感情的共鸣，给彼此"接话茬"提供方便，便于双方通过语言的交流迅速实现情感上的融通。

或是关于天气的老话题，如:"今天的天气真暖和"或"今年的气候很有意思，都十二月了，天气还这么暖和……"

或是来访者的旅途经历,这是最便捷的切入点,如:"各位这次经过杭州,有没有去玩玩,印象如何?"

亦或是体育新闻或文娱消息最大众化的聊天材料,如:"昨天晚上转播的足球赛看了没有?""这几天播出的电视剧《天龙八部》,很有看头。"

······

客套寒暄完毕,就进入我们的谈判前的准备工作了。可以在谈判前,简要地介绍一下己方人员的经历、学历、年龄、成果等,由此打开话题。既可以缓解紧张情绪,又可以不露锋芒地显示己方强大的阵容,由此我们就可以正式地谈判了。

适度的赞美在谈判的开局有着强大的效果。在现代人际交往中,赞扬他人已成为一门独立的学问。在谈判的开始阶段,谈判者适度赞美他人亦是获取对方信任和好感、创造出一个良好氛围的绝招。

美国著名的柯达公司创始人乔治·伊斯曼,成为美国巨富之后,不忘社会公益事业,捐赠巨款在罗彻斯特建造一座音乐厅、一座纪念馆和一座剧院,但是找伊斯曼谈生意的商人无不乘兴而来,败兴而归,毫无所获。

一天,美国"优美座位公司"的经理亚当森,前来拜会伊斯曼,希望能够得到这笔价值9万美元的生意。

伊斯曼的秘书提醒伊斯曼先生说:"老板是个大忙人,超过5分钟以上的时间,您就完了。"

亚当森微笑着点头称是。亚当森被引进伊斯曼的办公室后,看见伊斯曼正埋头于桌上的一堆文件,于是他静静地站在那里,仔细地打量起这间办公室来。过了一会儿,伊斯曼抬起头来,发现了亚当森,便问道:"先生,有何见教?"

秘书为亚当森作了简单的介绍后,便退了出去。这时,亚当森没有开口谈生意,而是说:"伊斯曼先生,我们在等您的时候,我仔细地观察了您的这间办公室。我本人长期从事室内的木工装修，但从来没见过装修得这么精致的办公室。"伊斯曼莞尔一笑："哎呀！您提醒了我差不多忘记了的事情。这间办公室是我亲自设计的，当初刚建好的时候，我喜欢极了。但是后来一忙，一连几个星期都没有机会仔细欣赏一下这个房间。"

亚当森走到墙边，用手在木板上一擦，说："我想这是英国橡木，是不是？意大利的橡木质地不是这样的。"

"是的，"伊斯曼高兴得站起身来回答说，"那是从英国进口的橡木，是我的一位专门研究室内装饰材料的朋友专程去英国为我订的货。"伊斯曼心情极好，便带着亚当森仔细地参观起他的办公室来了。

他把办公室内所有的装饰逐一向亚当森介绍，从木质谈到比例，又从比例说到颜色，从手艺谈到价格，然后又详细介绍了他设计的过程。

此时，亚当森认真地微笑着聆听，表现得十分有兴致。亚当森看到伊斯曼谈兴正浓，便好奇地询问起他的经历。伊斯曼便向他讲述了自己苦难的青少年时代的生活，母子俩如何在贫困中挣扎的情景，自己发明柯达相机的经过，以及自己打算为社会所作的巨额的捐赠等等。末了，亚当森由衷地赞扬了他的公益心。

本来秘书警告过亚当森，会谈不要超过5分钟。结果，亚当森和伊斯曼谈了一个小时又一个小时，一直谈到中午。最后，伊斯曼对亚当森说：

"上次我在日本买了几张椅子，放在我家的走廊里，由于日晒，都脱了漆。昨天我上街买了油漆，打算由我自己把它们重新油漆好。您有兴趣看看我的油漆表演吗？好了，到我家里和我一起吃午饭，再看看我的手艺。"

午饭以后，伊斯曼便动手把椅子一一漆好，并深感自豪。

直到亚当森告别的时候，两人都未谈及生意。最后，亚当森不但得到了大批的订单，而且和伊斯曼结下了终生的友谊。

虽然亚当森自始至终都没有谈及生意，但是到最后伊斯曼却把这笔大生意给了亚当森，而没有给别人，这是为什么呢？原因就在于，亚当森了解谈判对象的喜好，他见到伊斯曼后并没有开门见山、直来直去的念起枯燥的生意经，而是从伊斯曼的办公室装饰入手，巧妙地赞扬了伊斯曼的成就，使伊斯曼的自尊心得到了极大的满足，把其当做知心朋友，从而为双方生意上的合作作了良好的铺垫。

2. 谈判时，如何对对方进行试探？

生活中，我们可能会遇到下面的场景：

场景一：甲买乙卖，甲向乙提出了几种不同的交易品种，并询问这些品种各自的价格。乙一时搞不清楚对方的真实意图，甲这样问，既像是打听行情，又像是在谈交易条件；既像是个大买主，又不敢肯定。面对甲的期待，乙心里很矛盾，如果据实回答，万一对方是来摸自己底的，那自己岂不被动？但是自己如果敷衍应付，有可能会错过一笔好的买卖，说不定对方还可能是位可以长期合作的伙伴呢。

在情急之中，乙想：我何不探探对方的虚实呢？于是，他急中生智地说："我是货真价实，就怕你一味贪图便宜。"

场景二：一笔交易（甲卖乙买）双方谈得都比较满意，但乙还是迟迟不肯签约，甲感到不解，于是他就采用以下方法达到了目的。首先，甲证实了乙的购买意图。在此基础上，甲分别就对方对自己的信誉、对自己的产品质量、包装、交货期、适销期等逐项进行探问，乙的回答表明，上述方面都不存在问题。最后，甲又问到货款的支付方面，乙表示目前的贷款利率较高。甲得知这一症结所在之后，随即又进行深入的调查，他从当前市场的销售趋势分析，指出乙照目前的进价成本，在市场上销售，即使扣除贷款利率，也还有较大的利润。这一分析得到了乙的肯定，但是乙又担心，销售期太长，利息负担可能过重，这将会影响最终的利润。针对乙的这点隐忧，甲又从风险的大小方面进行分析，指出即使那样，风险依然很小，最终促成了签约。

场景三：在某时装区，某一位顾客在摊前驻足，并对某件商品多看上几眼时，早已将这一切看在眼里的摊主就会前来搭话说："看得出你是诚心来买的，这件衣服很合你的意，是不是？"察觉到顾客无任何反对意见时，他又会继续说："这衣服标价150元，对你优惠，120元，要不要？"如果对方没有表态，他可能又说："你今天身上带的钱可能不多，我也想开个张，保本卖给你，100元，怎么样？"顾客此时会有些犹豫，摊主又会接着说："好啦，你不要对别人说,我就以120元卖给你。"早已留心的顾客往往会迫不及待地说："你刚才不是说卖100元吗？怎么又涨了？"此时,摊主通常会煞有介事地说："是吗？我刚才说了这个价吗？啊，这个价我可没什么赚啦。"稍作停顿，又说。"好吧，就算是我错了，那我也讲个信用，除了你以外，不会再有这个价了，你也不要告诉别人，100元，你拿去好了！"话说到此，绝大多数顾客都会成交。

在场景一中，乙的回答，暗含着对甲的挑衅意味。除此以外，这个回答的妙处还在于，只要甲一接话，乙就会很容易地把握甲的实力情况，如果甲在乎货的质量，就不怕出高价，回答时的口气也就大；如果甲在乎货源的紧俏，就急于成交，口气也就显得较为迫切。在此基础上，乙就会很容易确定出自己的方案和策略了。

场景二中，甲先是就某方面的问题作巧妙的提问，在探知对方的隐情所在之后，然后再进行深入分析，从而把握问题的症结所在。

场景三中，探测方故意犯一些错误，比如念错字、用错词语，或把价格报错等，通过这些种种示错的方法，诱导对方表态，然后探测方再借题发挥，最后达到自己的目的。比如摊主假装一时口误将价涨了上去，诱使顾客作出反应，巧妙地探测并验证了顾客的购买需求，收到引蛇出洞的效果。在此之后，摊主再将涨上来的价让出去，就会很容易地促成交易。

3. 谈判时为避免争论，言谈间应注意什么？

争论并不等于说服，争论很少能使人心悦诚服。美国著名推销员鲁布·沃特经常说："不错，你可以随时向买主和其他人证明他的话显得很无知，但这样做你能得到什么？揭穿买主的愚昧没有任何好处，他绝不会因此而感激你，在更多的情况下他会怀恨在心，你的生意早晚会受到伤害。"

谈判是一项双方实现互利共赢的事业，而争论会激发对立情绪，造成谈判的破裂，这对双方达成协议是有百害而无一利的。我们知道，在辩论时，辩论队的队员，在辩论结束后还会保持原有的观点，败方队员决不会因为对手辩术高超而更改信念。说服的关键在于引导，谈判者通过自身的思想斗争作出决定，让对方尽可能地接受己方提出的交易条件。

有一家鞋店的主管，每当顾客对他抱怨说："鞋跟太高了！"、"式样不好看！"、"我右脚稍大，找不到合适的鞋子！"时主管总是默默静听，点头不语，等顾客说完后，他才说："请您稍等。"随后拿出一双鞋，对顾客说："此鞋一定适合您，请您试穿！"顾客半信半疑地穿上鞋，欣喜地回答："这鞋好像是给我定做的。"于是很高兴地把鞋买走了。

上述提到的鞋店的主管，如果一听到顾客的抱怨就大发雷霆，和顾客一争高低，顾客也许会扭头就走，不但不买该店的鞋，还会逢人就讲该店的坏话，那么该店主管就会受不可估量的损失，而不能有所收获。身为主管和店员，不管顾客如何抱怨，都应保持沉着和高度的冷静，努力控制住自己的气愤情绪，不要和顾客进行针锋相对的唇枪舌战，进行高声恶语的较量，企图以气势压倒顾客。因为愤怒中的人最易失态，怒中失误，怒中出错，无意中表露出真实面目。有的人会为此而专门激怒你，让你和他争吵，你千万不要陷入争论的圈套。

在商务谈判中，如果发觉己方的确存在明显的缺陷，对方又抓住了其中要害时，一般不要固执己见地提出辩驳或狡辩，应顺其自然地同意对方的意见，如在这种情况下你仍同对方辩驳或狡辩，只能加深双方的对立情绪，以致使交易中断，相反，如果同意了对方的意见，就可使对方产生自我满足感，甚至因高兴而忘乎所以。这时，你若再强调对方如何内行，该产品对他如何实用，价格如何低廉，对方就可能欣然同意与你成交。

如果发现对方有谈判之意，又故意设置关卡或故意刁难，找茬和你争执，最好的办法是先听之任之，待对方黔驴技穷、无缝可钻时，必然会回心转意或换上其他角色上阵：这时，你应在高度清醒的情况下，通过有说服力的资料、实例，强调双方共同的利益，采用公平的标准，以你的耐心使大事化小、小事化了，以赢得对方的好感，从而为以后的谈判奠定良好基础。

4. 谈判时，该如何控制情绪巧妙说话？

第二次世界大战时，美国为了借助原子弹抬高自己，特意将原定 1945 年 7 月 1 日举行的同盟国首脑会议推迟了两个星期，以便在会议期间取得主动和优势。

7 月 16 日原子弹爆炸成功，杜鲁门得到详细汇报后即举行会议。

在次日的波茨坦会议上杜鲁门信心百倍，颐指气使，在重建欧洲问题上对苏联态度强硬。同时，杜鲁门认为，使用原子弹就可以完全独立地结束远东战争，不需要再依靠苏联。

7月24日，杜鲁门故意装作漫不经心地走到斯大林身边，请翻译告诉斯大林美国已经制造出了具有极大威力的武器，然后满怀期待地注视着斯大林的反应。

不料斯大林一脸漠然，胡子也没颤动一下，语气冷淡地说："那很好啊，希望能用来对付日本。"

杜鲁门没有在斯大林脸上找到一丝一毫吃惊的表情，非常失望。

其实，虽然此时苏联还没有研制出原子弹，但斯大林对原子弹的了解远比杜鲁门多得多。杜鲁门直到4月下旬继任总统后才知道有原子弹一事，而斯大林从1941年秋就开始注意美国的原子弹研制，1942年决定开始研制自己的原子弹，1943年初通过一位参加"曼哈顿工程"代号"伯修斯"的物理学家，掌握了洛斯阿拉莫斯实验室的情况，并在以后的日子里，一直密切关注着美国原子弹研制的进程。

不过，斯大林得知美国原子弹已经研制成功的时候，心里还是很受震动的。但是这位铁腕政治家表现得非常冷静，表现出"这没有什么了不起的"情绪，更没有透露出任何苏联也在研制原子弹的信息。否则很可能造成美国战略部署的改变，影响到会议的结果。

斯大林一句"那很好啊"使得杜鲁门的如意算盘白打了，会议谈判的进程也基本按照斯大林预想的继续下去。人是有感情的动物，但作为一个谈判人员，则不能随意流露感情。特别是当出现一些激动人心的场面时，更应注意控制自己的情绪，不动声色，将激动的心情隐藏起来。

当然，必要时表示愤怒的情绪是可以的。但在一般情况下，参与谈判的人都应该保持稳定的情绪，尽量避免某些过激反应，同时要能从对方的情绪变动中捕捉到你想得到的东西。当对方表现出某些感情用事的举动时，你应该反其道行之，调整自己的情绪，报之以温和的态度，客气地表示自己充分了解对方的观点，心平气和地将讨论引向谈判主题。必要时，甚至可以视若不见，好像没有觉察到对方情绪的变化。这样，对方自觉没趣，自然就会转变态度。

5. 谈判中，如何用言语对对方进行暗示？

每一位参加谈判的人在参加谈判之前，总会抱着各自的目的和立场进入谈判者的角色。为了达到自己的目的，谈判者运用各种方法进行谈判和交涉。这些方法中不乏威胁、干扰等软硬兼施的伎俩。除了这些，谈判者也可以在谈判中运用暗示的手段来达到最终的目的。

战国时期各国纷争不断，公元前265年，赵太后刚刚接管赵国，这时秦国想在赵国内部改朝换代之时，趁机进攻。由于赵国国内人心不稳，所以节节败退。最后，迫于无奈，只好向齐国求救。齐国答应出兵帮助赵国击退秦兵，但前提是要赵太后的小儿子长安君到齐国作人质，赵太后特别疼爱自己的小儿子，所以严词拒绝了齐国的条件。在这种国家危亡的关键时候，朝中大臣对赵太后的这一行为很是不满，但迫于太后的威仪，也不得说半句不是，只好每天唉声叹气。有一天，左师触詟去见赵太后，赵太后知道，这又是一位来劝谏自己的，所以从见到触詟的那一刻开始就没好气。但是触詟并不理会太后的态度，走到太后跟前请罪说："太后娘娘，微臣有脚疾，所以很久没有来给太后请安了，最近国事繁重，我也担心太后的身体。"接着触詟关切地问了问太后现在能吃多少饭，胃口可好。一阵寒暄之后，太后见触詟并不是来说人质的事情的，就慢慢地放松了警惕。两个老人坐在一起开始谈心了。

谈得正开心之时，触詟说："臣想拜托太后娘娘一件事，我有一个小儿子，今年十五岁，虽然不是很成才，但是我非常喜欢他，所以想在我活着的时候，拜托给太后，让他进宫当一个侍卫。"太后不无感触地说："没想到你们男人也这么疼孩子啊。"触耆回答说："恐怕比你们女人更疼一些呢。"太后不服气地说："那可不一定。"

触耆见时机已经到了，就把话题转移到了关于长安君作人质的事情上来，他说："当年太后送公主前去燕国，虽然太后有百般不舍，但还是不愿公主回来，在每次祭祀的时候都祈祷公主的后代可以世代为燕国国君效力，不再回来。现在长安君一样，您在世的时候，可以赏赐给他良田、美酒，但是，有一天您不在了，长安君对赵国没有任何的贡献，又没有你的庇佑，他该怎么办呢。"见太后有所触动，触耆又接着说："眼下就有一个机会可以让长安君有所建树，就是不知道太后您愿不愿意。"

太后见触耆说得至情至理，就答应让长安君前往齐国作人质，并催促齐王尽快派兵，后来在齐赵的联合之下，秦兵被击退。

触耆之所以能让太后答应长安君去作人质，正是站在太后爱儿子的立场上，对太后晓之以情，动之以理。让太后放弃小爱，成全大爱。而赵太后也觉得应该为自己的儿子谋一个出路，所以就答应了触耆的要求。

在谈判中，并不一定要站在自己的立场上，有时候，站在对方的立场上，帮助对方分析利害得失，通过这种语言暗示，来让对方答应自己的要求，达到不战而屈人之兵的效果。

6. 商务谈判时，如何掌握说话与倾听的技巧？

有效的倾听，指的是不仅是听清楚对方已经说出了什么，而且还要能够听明白对方字里行间里隐含的意思。谈判者要想把话说到对方的心坎上，除了先用耳朵细细聆听，别无他途。

下面是两位不同公司的销售人员与同一位顾客间，就相同的内容所分别进行的对话：

顾客：虽然你们的产品质量和服务不错，但也不见得一定比甲公司的强到哪里去。所以我们还需要从各方面比较、考虑一下。

售货员：（脸开始有些涨红，略显激动地）我相信我们公司产品的质量和服务要比甲公司的更具有竞争力。比如说，（接下来是5分钟的产品和服务特点介绍）我想我们产品的这些特点能够满足您刚才提到的各种需要。

顾客：（略显不耐烦地）这些您已经向我介绍过了，我也已经了解了。我刚才不是告诉你了吗？我们会综合考虑的。我看这样吧，你回去等我们的消息，等我们考虑完之后，会和您联络的。

售货员：（不知该再说些什么）也好，那我们保持联系。

售货员回到公司后对经理说："那家顾客说，还需要把我们的产品和甲公司的产品作综合考虑，才能决定选用哪家的产品。所以我就将我们产品的优势向顾客作了详细介绍。现在我们就只能等顾客的消息了。"

从表面上看，乙公司这位销售人员对经理说的话全是实情。第二天，甲公司的一位售货员为推销自己公司的产品也来拜访这位顾客：

顾客：虽然你们的产品质量和服务不错，但也不见得一定比乙公司的强到哪里去。所以我们还是需要从各方面比较、考虑一下。

售货员：我明白了。不过我能否知道，在您说要做一下比较和考虑的情况中，您最关注的是什么呢？

顾客：在你们的产品质量都能满足我们的需求的情况下，我们当然要考虑在价格、付款方式、货物提交方式等方面，谁能给我提供更优惠的条件。

售货员：那我是否可以逐条了解一下您的具体想法，这样我可以根据您所关注的问题提供信息，以方便您作出决定？

顾客：当然可以。你们也了解，如果我们选择你们供货，就会是长期合作，我们对你们的产品的需求量将会很大、也很稳定。不知贵公司在价格上能够提供什么优惠条件？

……

甲公司这位销售人员回到公司后，依据自己通过倾听了解到的顾客所关注的问题，和经理一道有针对性地设计了一套详细的方案。经过一番艰苦的讨价还价，终于与顾客签订了合同。在签订合同以后，顾客拍着甲公司售货员的肩膀说："其实当时你们和乙公司的成功机会是一样的。因为你们两家公司产品的质量确实不相上下。但你能理解我的意思，我感到与你合作得很顺利。"

通观这两场谈判，乙公司那个销售人员失败的真正原因在于：他在与顾客的谈话中，只是急于呈现自己产品的优势，根本就没有想到过要鼓励顾客多说，要多听听顾客究竟是怎么想的。当一个谈判者忙着解释自己的观点时，他就不会想到要鼓励对方多说，让自己通过倾听去领会对方的真实想法。而甲公司的售货员却选择了先倾听，待听明白顾客的真实意图后，再根据顾客的需求提供方案。在谈判中，当对方陈述其观点和回答问题时，往往就会把自己的需求暴露出来，悉心聆听对方吐露的每一个字，注意他的措辞、他选择的表达方式、他的语气、他的声调，所有这些都能够为善于倾听的谈判者提供线索，去发现对方一言一语背后所隐喻的需要。

上帝把人创造成拥有一张嘴、两只耳朵，就是让我们多听少说，听后再说。这对谈判的成功尤为重要。

7. 谈判采取侧面迂回战术时，言谈间有何妙招？

在谈判过程中，形势的变化往往是出人意料的，任何情况都可能发生。有时，对方已经很难再听进去任何理由，任何道理对他都已不再奏效，正面进攻已经毫无作用。这时，就不应该再勉强进行辩论，而应该采取侧面进攻的策略。这就如在战场上一样，有时对方已经戒备森严，设防严密，正面突破已不可能，这时，最好的进攻策略就是放弃正面作战，试着转移自己的着力点，寻找其他薄弱部位等待时机进攻。

若是遇到双方互不相让、正面交锋很难使对方退步的情况时，就要暂时避开争论的主题，找其他双方感兴趣的题目，逐步展开辩论，使对方认识到自己的不足之处，对你产生信服感，然后，你再层层递进，逐步把谈话引入主题，涉及价格条件，展开全面进攻，对方就会冷静地思考你的观点，也因而易被说服。

在谈判过程中，使用迂回策略，也有各种各样的方式。

（1）"趁火打劫"式

"趁火打劫"是指在双方为价格条件而激烈交锋的过程中，利用对方急于进攻的心理，诱使对方透露出更多的信息，从中找出破绽，乘对方专心进攻、疏于防守之际，攻击其短处或漏洞，变对方不利为我方有利，从而在谈判中处于有利地位。

某厂欲引进一条产品生产流水线。该厂经过考察后，将谈判重点放在日本某公司的产品上。但日方自恃技术力量雄厚，要价偏高，该厂与之进行了四轮谈判，但日方声称他们的生产线是世界之冠，独一无二，宁可不成交也不降价。

于是，谈判一时陷入了僵局。

这时，中方派往日本考察的技术人员报告了一条重要信息，日方的生产受到韩国几家同类工厂产品的冲击，韩国生产线目前正在与之争夺市场，日方对此深感头疼。

于是，我方当即决定终止谈判，请日方等待我方的最后答复，给对方以我方无力支持的假象，暗地里却派专家赴韩国考察，考察的结果是韩国产品不如日本，价格也不低。但尽管如此，中方还是向韩国方面发出了邀请。同年8月，韩方代表到达中国，受到中方代表的热烈欢迎。

日方有感于中韩合作的达成将严重影响打开中国市场的美好前景，而且日本人素来喜欢以竞争取胜，有时为争取市场不惜代价。不久，日方主动要求恢复谈判，我方却以"暂时不需要日方产品"为由予以拖延。日方此时有如热锅上的蚂蚁，他们派中间商对中方进行游说，表示愿意让利销售，中方这才"勉为其难"地恢复了谈判。

在谈判桌上，日方殷勤恭敬，大谈双方合作并愿意支持中国现代化建设，愿在此项目上给予最大优惠。

中方代表不紧不慢地说："我们为贵方的表现感到高兴，我们已经注意到了贵公司在生产线价格上的转变。平等互利是国际经济交往中的基本原则，任何一方都不应当运用优势向对方索要高价。"

日本代表连连称是。中方代表话锋一转，朝日方痛处一击："平等竞争与选择是商业贸易的惯例，我们愿意倾听贵方的再一次报价。"

此话即暗示对方，我方已同韩国方面讨论价格问题了。日方代表明白这一意图之后，在再次报盘时提出了一个比较合理的价格，最后我方以满意的价格同日方达成了谈判协议，日方也因此在中国开辟了市场，获得了利润。

此例即是运用这一战术的典型范例，我方针对日方担心失去市场的弱点，放弃正面进攻，针对其薄弱之处发起反击，步步逼近，最终达到了双赢的结果。

（2）暗度陈仓式

暗度陈仓是指在谈判过程中，双方出现僵局，无法取得进展时，巧妙地变换议题，转移对方视线，从而实现自己的目标。这种方式的特点是富于变化，灵活机动，既不正面进攻，又不放弃目标，而是在对方不知不觉中迂回前进，从而达到自己的谈判目的。

一次，我国外贸人员同英国裘皮商谈判。休息时，商人凑到陪谈人身边搭讪地问道："今年黄狼皮比去年好吧？"

我方陪谈人员顺便应了声："不错。"

商人紧跟一句话："如果我想买20万张，不成问题吧？"

陪谈人员仍不在意地回答："没问题。"

短短的几分钟，商人在不知不觉中摸到了我方黄狼皮的重要商情，设下了圈套。

商人在了解到我方狼皮的生产情况后，主动向我方人员递出5万张黄狼皮稳盘，价格比原方案高5%。我方谈判人员没有料到这是商人玩弄的一个新花招，反而认为裘皮商要抢买，在竞争面前，先出高价挤垮别人，达到垄断货源之目的，并为卖得比较理想的价格而沾沾自喜。

事隔两天，英国其他客户向我方反映，有人按低于我方的价格在英国市场抛售中国黄狼皮。此时此刻，我方谈判人员冷静地分析了黄狼皮业务谈判的前前后后，才恍然大悟。原来该裘皮商有意递出价格高出5%的稳盘，意在稳住我们，给我方造成一个假象，使我方认为黄狼皮依然是抢手货，这样在他的高价格的阻碍之下，其他的商人都不好再过问了。这时，在中国黄狼皮高牌价下面，在英国市场，按原价迅速地甩出他的积压货物。而我们向其他国家报出的中国黄狼皮的价格却无人叫买。该商人的这招暗度陈仓着实厉害。

在应对对方的高压策略时，暗度陈仓可称得上是一个有效的反击手段，但由于这一策略自古以来就被人们广泛应用，易被人识破，所以在应用这一策略同对方讨价还价时，一定要注意运用得体，巧妙周到，不要让对方看出破绽。

8. 互利共赢，恩威并施，谈判中如何运用？

谈判就是求同存异的过程，交织着冲突与合作的双重因素，在这个过程中实现双方利益的最大化。没有冲突就不需要谈判，而没有合作，谈判中双方各执己见，冲突也无法调解。

谈判的成功与否取决于合作与冲突的强弱。

既然谈判中双方难免产生各种对立和意见分歧，作为谈判的双方就要既维护自己的应得利益，又满足对方的必要需求，因此无论是执意的强求，企图压服对方或一味的退让，对对方有求必应、百依百顺的做法都是不能达到互利互惠的合作目的的。有经验的谈判者应当根据己方的合理需求和对方的必要利益，凭借自己的实力、经验和技巧，强调利益的一致性与互惠性，实施恩威并施的策略，使对方在自身利益认同的基础上接受己方的建议。

谈判者在涉及本方应得的必要利益问题时，应凭借本方的实力与优势，施展强攻的心理战术与语言策略，显示"刚"的威力，促使对方在一些问题上作出让步，实现己方的既定目标，而在谈及对方应得利益时，则应理解对方的实际需要，作出必要的退让，向对方示之以利，动之以情，发挥"恩"的吸引力拉住对方，说服的成功就有了三重保证，从而有利于协议的达成。如《三国演义》中的孙权陈兵设鼎会邓芝一段，就是强调互利，是恩威并施极好的一例。

魏主曹丕欲起五路兵马攻蜀，要孙权作为第三路兵接应。孙权举棋不定。正在这时，邓芝出使东吴，劝说孙权退兵。

孙权听说邓芝到来，忙招集众人商议，大臣张昭告诉孙权："他是来作说客的，大王千万不要中了诸葛亮的退兵之计，"孙权听从了张昭的建议，于殿前立一油鼎，内贮油数百斤，下用炭火烧。待油沸后，选高大武士一千人，各执刀在手，立于殿外两侧，东吴想用这种办法吓退邓芝，以绝其劝说之念。

　　邓芝被召入。只见邓芝衣冠整齐，他行到宫门前，看到两行武士立于两侧，威风凛凛，各持钢刀、大斧、长戟、短剑，直列至殿上。邓芝晓其意，并无惧色，昂然而行。至殿前，又见鼎内热油正沸。左右武士以目视之，邓芝只是微微一笑。近臣引至帘前，邓芝长揖不拜。孙权令人卷起珠帘，大喝说："何不拜？"邓芝昂然而答："上国天使，不拜小邦之主。"孙权大怒，说："汝不自料，欲掉三寸之舌，效郦生说齐乎？可速入油鼎！"邓芝大笑说："人皆言东吴多贤，谁想惧一儒生。"孙权转怒曰："孤何惧尔一匹夫耶？"邓芝说："既不惧怕邓伯苗，何愁来说汝等也？"孙权说："尔欲为诸葛亮作说客，来说孤绝魏向蜀，是否？"邓芝曰："吾乃蜀中一儒生，特为吴国利益而来。乃设兵陈鼎，以拒一使，何其局量之不能容物也广。"

　　孙权感到惭愧，请邓芝上殿，赐座问道："东吴、魏国的利害关系如何？请先生赐教。"邓芝说："大王欲与蜀和，还是欲与魏和？"孙权说："孤正欲与蜀主讲和，但恐蜀主年轻识浅，不能全始全终耳。"邓芝说："大王乃命世之英豪，诸葛亮亦一时之俊杰；蜀有山川之险，吴有三江之固。若二国连和，共为唇齿，进则可以兼吞天下，退则可以鼎足而立。今大王若委贽称臣于魏，魏必望大王朝觐，求太子以为内侍。如其不从，则兴;兵来攻，蜀亦顺流而取；如此则江南之地，不复为大王矣。若:大王以愚言为不然，愚将就死于大王之前，以绝说客之名也。"说完，邓芝撩衣下殿，往油鼎中便跳。孙权急忙命卫士拦住邓芝，并把他请入后殿，以上宾的礼仪接待他，对他说："先生之言，正合孤意。"决定派大臣张温随同邓芝入川，与蜀共议吴蜀联合之事。

邓芝的成功在于从容自如，陈述了联合对双方有所裨益，既强调互利，同时又阐明不联合的害处，真正做到恩威并施，迫使对方否定原先的想法，最终达到了自己的目的。

因此，在谈判中应更多地强调双方利益的一致性与互利互惠的可能性，实现双方的共赢，让对方也看到实实在在的好处，并且在方法上恩威并施，做到多管齐下，以期达到既定目标。

9. 采取直截了当的谈判方式时，如何说话才能更加合适？

谈判是通过合法的公平竞争使双方实现利益共享的过程，因此，谈判的任何一方要本着在互利的前提下实现己方的谈判目标的原则，决不能靠顶牛、欺诈、压迫、耍赖和蛮缠等可鄙的手段，而必须靠有理有据的说服去展开竞争。而说服技术取决于谈判模式。

伴着社会的进步和人际关系的发展，以往的自利型谈判形式受到冲击，被渐渐地淘汰，随之出现的是互利共赢的谈判模式。在这种谈判模式中，谈判双方都把对方视为平等的合作伙伴，以合作为谈判动机，以互利为合作目标。但是，谈判的发生最终还是根植于双方主观上的需求和求利欲望，因此，如何在谈判中实现己方的利益最大化，如何说服对方，是个较为棘手的问题。

如何说服对方，以达到让对方明理动情、心悦诚服地接受你的立场，这是一个技巧问题。既然双方都是为利而来，那么就该在谈判中直言利益，婉言弊害。

谈判，是为了说服对方，而非欺诈对手。在说服对方时，为了满足对方对谈判结果的心理需求，不仅要就己方的主张晓之以理，而且更应侧重晓之以利。但只言利，不言弊的作法往往会引起对方的猜疑，因为人们不会相信你的提议纯粹是为了让他们一方得到好处。因此，要成功地说服对方，就要兼顾利益与弊害两个方面，把一好一坏这两个信息传递给对方。在陈述过程中，一般遵循先讲利益的一面，并且直截了当，然后再陈述弊害的一面的原则，当然需要口气委婉。

有一家制造灯泡的公司，董事长到各地去作旅行推销，他希望代理商能尽力帮忙，使新产品尽快占领市场。

董事长召集各地的代理商说："经过多年的苦心研究，本公司终于研制出了一种新型电灯泡。虽然它还称不上第一流，只能说是第二流，可我仍要拜托各位，以第一流产品的价格购买它。"

代理商听到这样的无理要求，都禁不住哗然："咦！董事长怎么这样说？我们又不是傻瓜，怎么会以第一流的产品价格去购买第二流产品？您太糊涂了吧？……"大家都疑惑地看着董事长。

董事长以沉稳的语气说："大家都知道，目前制造的电灯泡可以称为一流的公司，全国只有一家而已。他们垄断了整个市场，无论怎样抬高价格，大家也不得不买。如有了同样优良的产品，而价格又比之便宜的话，对大家不是一个福音吗？现在因本公司资金不足，无法在技术上突破，如各位肯帮忙，以一流产品的价格购买本公司二流产品，我就会把利润用于改良技术上，待本公司制造出一流的产品后，原来的灯泡制造业就出现了竞争对手。在彼此大力竞争下，质量必然会提高，价格也必然会降低。那时，对大家均有利。因此，但愿你们能不断地支持、帮助本公司渡过难关，以一流产品的价格，来购买这些二流产品！"

董事长的真诚发言使在座的各位产生了极大的回响，掌声经久不息。在愉快感人的气氛中，董事长获得了众人的支持。一年以后，这家公司所生产的电灯泡，果然以第一流的品质面市，那些代理商也都得到了相应的的报酬。

在这里，董事长抓住了对手的利益要害，晓之以情、动之以理，以真情实意打动对方，显得特别有说服力。如果董事长不是坦诚相告，而是采用封闭消息等欺骗的方法让大家用一流产品的价格购买了二流产品，不了解内情的人便会对董事长失去信任，那么该公司以后自然也无法在行业内立足。

10. 谈判时声东击西法，应采取何种说话技巧？

在双方利益冲突比较激烈的谈判中，谈判者通常总是抱有一种逆反的心理：一方要想得到的，另一方便会想方设法地加以阻止；一方不愿意让步的，另一方还非希望对方作出让步不可。这每每增加了谈判过程的竞争性和对抗性，不仅不利于谈判各方的协作，而且往往使原本可以成功的谈判陷于失败。

能否找到一种方法，将这种逆反心理为己方所用，变不利因素为有利因素呢？我们可以先看下面这个故事。

一天，一只乌龟被一只狐狸捉住了。乌龟紧紧地把头和四肢缩在硬硬的壳里，这使狐狸无法杀死乌龟，狐狸吃不到乌龟肉，十分着急，恶狠狠地对乌龟说："我要把你扔到火里去烧。"乌龟回答："谢谢，我正好感到身上发冷，能烤烤火太好了。"于是，狐狸改变了主意，对乌龟说："我要把你扔到水里去！"乌龟惊恐地乞求道："狐狸，饶命吧！你把我扔到水里我会淹死的。"这时，狐狸得意地笑了，叼起乌龟来到河边扔了下去。乌龟却慢慢地伸出头和四脚，悠闲自在地游走了。

这里，乌龟利用了狐狸的逆反心理，助自己逃出了狐狸的魔爪。

所谓"声东击西"，就是利用谈判中人们惯常的逆反心理，将谈判对手的注意力吸引到看起来对己方深具威胁，而事实上却是对己方较为有利的事情上，使对方因受到诱导而作出错误的判断，不至于采取己方所真正害怕的行动。

例如，甲方在谈判中透露出："这次谈判千万不要拖到'十一'以后。"乙方听了，以为甲方是希望在"十一"以前结束谈判，于是就很可能以种种借口拖到节日之后再谈。甲方得到了这个喘息的机会，很可能就会使下次的谈判出现新的转机。

在谈判过程中，你越是不放弃某种东西，这东西往往就越能激起对手的兴趣，越要同你一争高低；相反，你越是对某种东西表示出不重视的态度，那么，对方也就越会对这东西不加重视。因此，狡猾的谈判者就善于利用对方的这种心理，在谈判中故意摆出一种姿态，好像某一项要求或条款对己方非常重要，但真实的目标却恰恰相反。

某承包商承包了一个大型项目的安装工程，在谈判中关于计价的方式上，遇到了这样一个难题：不知道是按一次性计价还是按照每人每天计工付钱。

经过反复考虑，承包商宁愿一次总付计价，因为这样既能防止对方介入到自己经营的细节中去，又可以给己方更大的伸缩余地。为了使对方同意一次总付计价的要求，承包商就使用了"声东击西"的方法。一开始，承包商向对方建议以每人每天的工资为基础计价，并声称这项工程有风险，难于开价。承包商越是指出风险，对方越是感到还是按一次总付计价对自己有利，免得以后遇到风险承包商推脱扯皮，而且能够事先了解所承担的义务。

最后，双方经过进一步谈判，承包商作出了"让步"，"放弃"了以每人每天工作为基础计价的要求，"答应"对方按一次总付计价的方式计价。

这样一来，不仅承包商顺利地实现了自己的谈判目标，而且还使对方的谈判人员对自己的成功表示高兴，并深信占了便宜，赢得了谈判。

这里，承包商在使用"声东击西"法之前，认真分析了谈判的各种情况，确定了己方的谈判目标和方向，一次总付计价而不是以每人每天为基础计价。然后，作出一种虚假的姿态，对自己不希望的目标表现得非常在意，甚至刻意向对方提出要求，而对自己真正的目标和企图却表示出无关紧要或有意推拒的态度。如此一来，不仅使己方的谈判企图顺利地得以实现，而且还使对方感到十分满意和高兴。

这个案例向我们说明，在谈判中，如果对方表现出对某一方面的强烈意愿，己方就应当保持高度的警觉。若经过分析，发现对方只是在玩弄"声东击西"的手法，己方则可以在看准对方心思的基础上，给他来个顺水推舟：对方对某事项表现出不关心，己方也不关心；对方对什么东西感兴趣，己方就在可能的情况下，接受对方的建议。因为，对方不需要的恰好是他表面上感兴趣的，而对方想要得到的恰好是他表面上所不感兴趣的，这样，对方"声东击西"的目的也就无法得逞。

11. 拖延是假，寻机是真，谈判时如何运用语言创造时机?

谈判的一方，迟迟不作决定，左拖右拖，一直想以时间换取利益，目的是寻求有利于自己的契机。拖延只是寻找机会的一种手段。

谈判的一方基于某种目的，虽然谈判已经结束，但却不签约，他们总可以找出某种借口，如许可证、外汇或其他政府批件尚未落实或自己的上司尚未审查等。这个谈判到签约的时间间隔可以是一周、一月甚至半年、一年，这样，时过境迁，各种宏观条件发生变化，一方有可能提出修改原谈判的协议，否则，签约有一定的困难。这种要求应该被认为是很棘手的。其结果有可能妥协，也有可能破裂。因此，谈判者应事先预见情况。

对于对方的拖延战术，你可以正面指出，作为谈判的议题，并使对方知道，拖延战术只能使他自己白费力气，蒙受损失。

拖延战术是谈判中常用的战术，但拖延需要忍耐力。从某些角度看，忍耐既是一种美德，又是一种武器。这一点，在日本谈判者的身上表现得非常突出。日本的谈判小组经常在作一番寒暄和介绍之后便开始施展拖延战术。

日本某公司和德国某公司进行较大规模的贸易谈判，由于德方有求于对方，谈判一开始，德方就采取主动积极的姿态，他们态度和蔼，举止谨慎，并且滔滔不绝地说个没完，只希望迅速达成贸易协议。而日方代表却一言不发，只是迅速将德方发言全部记录下来，然后提议休会，第一轮谈判就这样结束了。

一个月后，日本公司又派出另一个部门的几个人去和德国公司进行第二轮谈判。这批新到的日方代表仿佛根本不知道以前讨论了什么，谈判只好从头开始。德方照样是积极主动、滔滔不绝、侃侃而谈。日方代表仍然一言不发，记下大量笔记又走了。

以后，日方第三、四、五个代表团又如法炮制。在谈判中除了记下大量笔记外，没有阐述任何实质性意见。一晃两年过去了，日方代表对谈判毫无反应，德方代表"丈二和尚摸不着头脑"。

正当德方感到绝望之时，日方公司的决策代表团突然来到德国。这次日方代表一反常态，在德方代表毫无思想准备的情况下，突然表态，作出决策，弄得德方措手不及，十分被动。

其实，任何交易谈判的双方，都希望有利可图，如上例中的德方和日方，他们都是谈判结果的受利者，只不过利益的大小比例不那么均衡罢了。试想，如果德国代表在谈判中不那么急于求成，而是显得漠不关心，无动于衷，那么日方的拖延战术能否成功呢？即使成功了，能否拖到两年以后呢？可见，结果将是另外的样子。

12. 谈判陷入无意义的僵局时，如何用言语化解？

在谈判过程中，由于双方在某一问题上存在争执，一时又无法解决，僵局在所难免。人们在情绪沮丧之余，往往会忽视了这么一个事实：僵持的问题往往只集中在双方认为关键的问题上，一般不可能在所有的问题上都全面处于僵持状态。转移话题的语言策略就是谈判的一方通过变换话题，把僵持不下的议题暂且搁置一边，缓和一下紧张的气氛，使双方在友好的谈判氛围里重新开始讨论有关问题，以利双方达成协议。这是一种以积极的态度扭转不利局面的谈判方法。

政治家们在这方面可谓得心应手。

20 世纪 80 年代，日本前首相中曾根同时任苏共总书记的戈尔巴乔夫在克里姆林宫举行改善双边关系的会谈。交谈中，火药味越来越浓，戈尔巴乔夫激动之余，竟用拳头敲着桌子说：

"据说，在日本居然有人说什么'今后只要日本持续不断地增强经济力量，苏联便将乖乖地屈服于日本的经济合作'。殊不知，这是大错特错的。苏联绝不屈服。"

中曾根不甘示弱，也以强硬的口吻回应道："尽管如此，两国加深交往也是很重要的。阻挠两国关系发展的，正是北方领土问题。铸成这个问题的原因在于斯大林错误地向属于北海道的岛屿派遣了军队。"

戈尔巴乔夫沉默不语。

中曾根接着说："我毕业于东京帝国大学法律系，你也出自莫斯科大学法律系。我们俩同属于法律系毕业生，理应了解国际法、条约和联合声明是何物。国际上都承认日本的主张是正确的。"

中曾根说罢挑战似的看着戈尔巴乔夫，双方陷入了对峙之中。

这时，戈尔巴乔夫说话了："我当法学家亏了，所以变成了政治家。"

中曾根为了论证"斯大林向属于日本的北方岛屿派遣军队是个错误"的观点，提出了他俩都是法律系毕业生，理应懂得法律的话题。戈尔巴乔夫却不愿接这个话茬。他敏捷地利用这个话题借题发挥，谈自己的得失：当法学家亏了，所以变成了政治家。戈尔巴乔夫用转移话题的方式避开了对方话题的锋芒，这使得中曾根不便就该话题再过多地纠缠下去。

在经济谈判中，此种方法也是屡见不鲜。改革开放之初，我国广东省某玻璃厂就引进玻璃生产设备的有关事项同美国欧文斯玻璃公司进行谈判。在谈判的过程中，双方在全套设备同时引进还是部分引进的问题上发生了分歧，互不相让，使谈判陷入僵局。在这种情况下，我方玻璃厂的首席代表为了使谈判达到预定的目标，决定主动打破这个僵局。可怎么才能使谈判出现转机呢？采取休会？——不太合适；考虑让步？——要损失巨大的经济利益……我方谈判代表思索了一会儿，带着微笑，换上一种轻松的语气，避开争执的问题，向对方说：

"你们的技术、设备和工程师都是世界第一流的。用一流的技术、设备与我们合作，我们就能够成为全国第一。这不单对我们有利，而且对你们更有利！"

欧文斯公司的首席代表是一位高级工程师，听到了这番话自然感到很高兴，谈判的气氛一下子就轻松活跃起来了。我方代表看到对方的情绪缓和，然后趁势将话题一转，继续说道：

"但是，我们厂的外汇的确很有限，不能一下子全部引进贵公司的设备。你们现在也知道，法国、比利时和日本的企业都在试图跟我国北方的厂家搞合作，如果你们不尽快跟我们达成协议，不投入最先进的设备和技术，那么中国的市场很可能就会被别国率先占据，你们的损失是可想而知的。再说，你们若为了这一时的眼前利益而导致整个市场的错失，人家也会笑你们这世界一流的欧文斯公司无能。"

我方谈判代表为了打破僵局，率先使用了转移话题的语言策略，首先，给对方的技术、设备等以高度赞扬，强调双方共同的利益基础，如此使谈判气氛得到了缓解；接下来，他开诚布公地说明我方的实际情况，使对方理解我方的处境和困难；最后，利用掌握的行业情报，造成一种竞争的局面，暗示对方如果不愿合作将给欧文斯方面带来不良的后果。这一举措将谈判的僵局完全化解，在和谐的气氛中，双方进一步讨论，最后终于达成了对我方有利的协议。

13. 谈判破裂时，该采取何种语言策略？

尽管谈判之初彼此都怀有强烈的成交愿望，尽管己方拥有高超的谈判技巧，尽管己方作出了全心全意的努力，然而在现实生活中，由于种种原因，对方仍然有可能不愿意与你达成最终的协议。

这时，你应该怎么办呢？垂头丧气，不言不语？恼羞成怒，恶语伤人？还是不屑一顾，挖苦对方？这些做法显然都不可取。最明智的一种选择是：既保住己方的尊严，又顾全对方的脸面，让谈判的大门依旧敞开，为彼此今后可能的合作留下一条出路。

某大企业与某公司进行一个合作开发项目的谈判。尽管这家大型企业提出了合理的报价，经过反复磋商，仍未与这家公司达成协议，眼看谈判就要不欢而散。

这时，这家大企业的谈判代表并没有责怪对方，而是用一种委婉谦逊的口气，向对方主动道歉说："你们这次来敝处，我们照顾不周，请多包涵。虽然这次谈判没取得成功，但在这十几天里，我们却建立了深厚的友谊。你们的许多想法对我们启发很大。协议没达成，我们也不能怪你们，你们的权力毕竟有限。希望你们回到贵地后转达我们对贵公司总经理的诚挚歉意，而且我方的谈判大门随时向你方敞开。"

那家公司的谈判代表原以为一旦谈判失败，一定会遭到这家大企业的冷遇，没想到对方在付出了巨大努力、协议未能达成的情况下，仍一如既往地给予热情的招待，这令他们非常感动。这家公司的谈判人员回去后，他们经过反复核算，多方了解行情，认为那家大企业的报价是合理的，又主动向这家大企业发出重开谈判的邀请。在双方的共同努力下，第二次谈判终于取得了圆满的成功。

由此可见，一次谈判即使未能及时签订协议，也并能代表之前作出的努力都白费了。如果己方能够使这场破裂的谈判在友好、愉快的气氛中结束，那么，无疑是为下次再与对方打交道奠定了良好的谈判基础。毕竟，成功是要通过多次努力才能换来的。

那么，当我们遇到这种不能一锤定音的谈判时，该怎么处理才合适呢？

首先，当对方在谈判中拒绝了己方时，己方在态度上应表现得坦然自若、不愠不火。

谈判进行到最后，只能出现两种结果：协议达成或协商未果。这是非常正常的现象。当谈判破裂的局面实在无法挽回时，要想留住谈判对手的心，己方在言语中就要表现出一种大度、宽容和热情。比如：

"感谢你花了这么多时间同我讨论这些问题……"或是，"虽然我不同意你的观点，但你的许多分析是很有独到之处的，希望以后有机会我们还可以讨论其他方面的问题……"

在这种情况下，一句意味深长的道别语，往往会给对方留下深刻的印象。

其次，当对方要价太高，经反复磋商己方仍无法接受时，用一种委婉体面的语言表示己方的回绝。

你可以为自己找个合适的理由解释原因：

"经过这么长时间的谈判，我们加深了彼此的了解。但由于我们的权力有限，无法定夺。我们回去后会把你们的有关要求向上级汇报，待他们研究之后再给你们答复。"

这不但能避免谈判破裂时的尴尬，也能为各自可能的反悔留下一定的时间。此时，千万不要断然拒绝，这样会令对方很没面子，并为双方今后的谈判设下不必要的障碍。

再次，当谈判已经破裂，彼此都无法再作丝毫让步时，己方仍需为双方今后的合作埋下笔。

造成一场谈判破裂的原因有很多种：要么是时间仓促，其他方案一时没能拿上谈判桌；要么是准备不足，资料不全等等。这时，你只需用语言略加引导，就能给即将关闭的谈判大门留出一条缝，比如：

"我们还可以进一步磋商，这样吧，我们下一次见面再说。"

有了这句话的铺垫，过了几天若对方愿意再来找你，就一点也不会感到难为情，双方的谈判依然可以友好地重新开始；若过了一段时间对方仍没什么动静，你主动打电话过去询问情况，也不会显得突兀。也许对方会告诉你，他们不想再谈了；也许对方会仔细倾听你的想法，认真考虑你的建议。

第八章　接受访问时的口才技巧及实例

——做一个说话滴水不漏的人

1. 面对记者提问，怎样展示你的幽默艺术？

当年，日本记者问到中国发展核武器的情况，并具体询问何时爆炸第三颗原子弹时。陈毅同志风趣地回答说：

"中国爆炸了两个原子弹，我知道，你也知道。第三个原子弹可能也要爆炸，何时爆炸，请你等着看《公报》好了。"

全场记者一片笑声。接着，陈毅同志阐述了我国在核武器问题上的有关政策：

"中国并不是根据有没有原子弹来决定外交政策。""我们重申，大小国家一起来共同协议，销毁原子弹，禁止使用、制造、储存、试验核武器。中国制造原子弹是为了消灭原子弹，是为了自卫。中国保证任何时候不首先使用原子弹。"

陈毅的发言无疑在保守了国家秘密的同时又表明了党和国家在核武器问题上的原则立场。

也曾有外国记者这样问陈毅：

"中国用什么先进武器把美国 U-2 飞机打下来的？"

陈外长毫不迟疑地说："我们是用竹竿捅下来的！"

全场记者哄堂大笑。

陈毅的风趣回答没有直接回答记者的问题，但是却通过幽默满足了记者，这叫替代性的满足。不能提供有价值的新闻素材，就提供一个幽默，让记者有东西可以写。

有些读者很喜欢看花絮，对于记者们来说，他们要的只是新闻素材而已，而且，而这种花絮恰恰能够成为记者最喜欢的新闻素材。

沈国放做外交部新闻发言人时，在一次新闻发布会上有记者问：

"你能否证实中国军队最近将在福建沿海举行军事演习？"

沈国放略加思索后回答说："我不知道你说的情况，我不愿意冒刺探军事情报的风险。"

在 2004 年的雅典奥运会上，一位记者在中国奥运代表团抵达雅典后的首次新闻发布会上问副团长崔大林：

"如果不出意外，中国的奥运会金牌总数将在本届超过 100 枚，第 100 枚金牌有可能出现在哪个项目上？"

崔大林答："我刚才脑子里过了一遍电影，但没有查到有关资料。我认为中国的第 100 枚金牌可能会在乒乓球、羽毛球、跳水、射击、体操、举重等项目上产生。"

在一次访谈即将结束时，美国《时代》杂志记者问了姚明一个几乎所有美国人都想问的问题：

"你曾经想过希望成为一名美国公民吗？"

"至少现在不是，原因很简单，恐怖事件，我想现在看来做一个中国公民应该会更安全些。"姚明的此番回答立刻将整个采访带入了高潮。

在玩笑之后小巨人还很认真地回答道："我依旧感觉自己是一个受着传统中国文化影响的人，中国是我的祖国，另外我想说的是篮球是一种国际语言。"

面对媒体，适当的幽默既可以委婉地回答问题，回避正面作答可能存在的不妥，又不至于面对媒体的追问而无所适从。因此，要学会适当地展示你的幽默艺术。

2. 碰到棘手的提问时，怎样说话能够给自己留有充分的余地？

首先，在面对媒体，不能不说点什么的时候。

当面对媒体提出的问题无法正面回答，或者不便回答，但又不能不说点什么的时候，新闻发言人可以故意把话说得不明不白，表面上看似回答了问题，却没有实质的意义。这样可以避免授人以柄，让自己有更多回旋的余地，掌握主动。

在某些特殊场合，我们也不能把话说绝，这样不仅能给自己留有余地，也表示对别人的尊重。在外交事务中，人们常常会用"在适当的时候访问贵国"来回答国外的邀请，"适当的时候"就是模糊语言，它既显得彬彬有礼、十分中肯，又给自己创造了一个宽松的环境。这就是"弹性外交"的典型运用。试想，如果用"不打算去"、"马上就去"或"某月某日去"这类非常确定的语言来回答，有将自己逼向"绝境"的可能。

某企业家回到家乡创办实业公司，这一行为受到各方重视，一下飞机就有记者围着采访。

一位女记者问道："你带了多少钱来？"

企业家随口便答："对女士不能问岁数，对男士不能问钱数。小姐，你说对吗？"

这位企业家的回答既不失幽默俏皮，而又含蓄回避，比那些支支吾吾的搪塞之词或是"恕我直言，无可奉告"的生硬拒绝相比，这样的回答显然要高明许多。

在与媒体交锋不得不说点什么的时候，适当运用"弹性外交"的策略，因为在一些时候，除了"非此即彼"，在适当的地方还需要承认"亦此亦彼"。

其次，运用模糊语言，可使人信心增强。

某著名油田的一个下属工厂有一批工人因厂里多半年来一直半死不活，纷纷要求调动。这一事件在当地引起不小的轰动，媒体纷纷来采访新上任的厂长。

在办公室，新厂长对来访的媒体说："下属要求调动，我并不觉得有什么大惊小怪的，更不会埋怨指责大家，相反，我觉得这些都是可以理解的。咱们厂有很多困难，我也憷头。但上级让我来，我想试一试；希望大家能相信我，给我半年时间，如果半年后咱们厂还是那样，我辞职，咱们一块儿走。"

媒体将新任厂长的"军令状"公之于公众，在当地引起了不小的轰动。不仅政府对新任厂长刮目相看，下属也干劲十足，仅仅用了4个月，工厂就出现了复苏的迹象，效益日渐上升。后来，这个厂果然在这位厂长的带领下旧貌换新颜了。

厂长的一席话没有高调，朴实无华，既是人格的表现，也是模糊语言的恰当运用。新任厂长虽然坚决地表示决心，但"我也憷头"、"我想试一试"的语气中肯，不仅为自己留有余地，也为下属留有余地。他没有正面阻止下属的调动要求，恰恰相反，"如果半年后咱们厂还是那样，我辞职，咱们一块儿走"，像是在立"军令状"，把话往绝里说，然而，谁也不会相信这是一个来"试一试就走"的厂长。相反，人们从他那入情入理、心底坦荡的语言中感受到了力量，看到了希望。就像一个得了狂躁症的病人吃了镇静剂那样，这个工厂恢复了平静，一心要干下去的人增强了信心，失去信心的人振作了精神。模糊语言在这里发挥了神奇的效果。

3. 面对不想回答的问题，如何巧避记者的追问？

日常生活中，人们常会碰到没有答案，或根本不想回答的问题，此时就需要"无效"回答，这样不仅不会使对方难堪，破坏气氛，而且能显示自己的风度、涵养和水平。

无效回答，就是用一些没有实际意义的话去应对那些实际性的问题，但是别人又不能说没回答。做无效回答，最常用的词是"没什么"和"不清楚"。

一些企事业单位的上级在面对媒体时有时需要做"无效"回答。新闻发言人需要引导媒体按照自己的逻辑一步步走下去，当对方接受了你的看似可靠的观点后，却发现中了你的圈套。

"无效"回答的方法和策略多种多样，常见的有以下几种。

首先，抓住对方的破绽。

1960 年 4 月下旬，周恩来总理与印度代表谈判中印边界问题，印方提出一个挑衅性的问题："西藏自古就是中国的领土吗？"周恩来总理说："西藏自古就是中国的领土，远的不说，至少在元代，它已经是中国的领土。"

对方说："时间太短了。"

周恩来总理说："中国的元代距离现在已有 700 来年的历史，如果 700 来年都被认为是时间短的话，那么，美国到现在只有 100 多年的历史，是不是美国不能成为一个国家呢？这显然是荒谬的。"

印方代表哑口无言。

要达到一剑封喉的目的，就需要对媒体提出的刁钻敏感问题不作正面回答，而是抓住其提问中逻辑上的破绽，推出一个明显荒谬的结论，反戈一击，变被动为主动。

其次，我们还可以采取诱导对方自我否定的方法加以回答。

一次，美国前总统罗斯福的一位朋友问他在加勒比海小岛上建立潜艇基地的计划。

罗斯福小声问他的朋友："你能保密吗？"

朋友脱口而出："能。"

罗斯福接过来说："我也能。"

一个外国记者问毛主席的扮演者古月："你多次在银幕上扮演毛泽东的形象，而毛泽东在'文化大革命'问题上是有错误的。你对此如何看？"

古月问记者："你觉得维纳斯美吗？"记者答："很美。"

古月又问："维纳斯断了一个胳膊还美吗？"

记者答："虽然断了一个胳膊，但不影响维纳斯的整体美。"

古月说："你已经回答了你自己的问题了。"

罗斯福与古月巧妙地设计了圈套，用看似"无效"的话题，诱导对方说出自己不想回答的原因，而实际上又回答了对方。

再次，答非所问。

我国一位考察团人员到新西兰考察时，新西兰当地的记者问他："你爱新西兰吗？"

这位工作者觉得回答"爱"或者"不爱"都不合适。于是回答"新西兰的牛奶倒是很有名"。

答非所问的"无效"回答一般用于那些不便于直接作答的问题。

最后，在适当的场合也可尝试一下直接回避。

一位外国记者在某美术馆和大家闲聊时，提到"女模特具有为艺术献身精神"的话题时,问其中一位女画家:"若是让你当人体模特,你愿意吗?"这位女画家想,要是说"愿意",对一个女性不是一件容易的事;若是说"不愿意",多少带有一些自己打自己嘴巴的成分。于是,这个聪明的女画家说:"这是我的私事,不在采访之列吧?"既解脱了窘境,且听着自然有理。

直接回避窘境,用"无效"回答说出对方不得不承认的回避的理由,不至于让双方都陷入难堪的境地。

4. 面对记者提出的意想不到的问题,该如何应对?

答记者问时,一般是事先有安排的,尽管事先进行了准备,有时难免还是会遇到一些意想不到的情况,比如遭记者的"突然袭击",尤其是在会见外国记者的时候。在这种情况下,是对领导的综合素质和应变能力的严峻考验。

遇到这种情况一定要力戒惊惶失措,迅速在心理上求得平衡,运用机智和敏捷来应付场面。能回答的,或问一下身边人员可以回答的,就侃侃而谈;难度大确实不好回答的,可以采取回避、转移、避实就虚等方法,比较自然地、不动声色地"下台阶"。

虽然各种场合可能出现的问题不尽相同,但只要坚持原则性同灵活性相结合,经验积累得多了,就会见机行事、随机应变、应对自如的。

1954 年的日内瓦会议上,身为团长的周恩来同志同顽固的美国对手杜勒斯一起坐在谈判桌旁。可杜勒斯顽固地推行敌视和不承认中华人民共和国的政策,不仅自己不与中国代表团打交道,而且也不允许他们的代表同中方人士接触。

会议不久,杜勒斯走了,沃尔特·比德尔·史密斯任团长。一天有记者问他，他同周恩来是否有接触？他开玩笑说，他们的唯一接触是共同使用卫生间里那条长的卷筒毛巾。但在会议最后期间，史密斯有所松动，曾主动找周总理攀谈。周总理从这件小事发现，美国人并不全像杜勒斯一样，于是就决定直接同史密斯打打交道。

一天，周总理走进酒吧间，见史密斯正倒咖啡，他径直朝史密斯走去，并伸出了手。史密斯一愣之后迅速作出反应，他一手夹一根雪茄，一手端起咖啡，表示忙不过来。但他还是同周总理进行了短暂友好的交谈。不久他又见到周总理，主动问好，并称赞周总理的外交才能给他留下了深刻印象，他为能结识总理而感到高兴。到讨论印度支那问题时，周总理代表中国提出一个方案，史密斯即席发言认为这个建议包含着可供讨论的内容。可是第二天再讨论这个问题时，史密斯借故离去，由他的副手、抗战胜利后代表美国在北平军事调处执行部工作过的沃尔特·罗伯逊担任美方首席发言人，他的发言出尔反尔，完全否定了中方的提案。

周总理当即严词责问罗伯逊："你们美国代表团说话算不算数？你们的团长史密斯昨天表示我们的意见可以考虑，今天怎么变卦了？"总理指着罗伯逊："罗伯逊先生，我要提醒你，我们在中国是认识的，我了解你。如果美国敢于挑战，我们将是能够应战的。"说得罗伯逊面红耳赤，无言以对。

这次会议终于冲破了杜勒斯的禁令，中美代表团举行了会晤，并促成了后来的中美大使级谈判，周总理当年所表现出的大智大勇、机智善斗，使国际人士和新闻记者佩服得五体投地，说他是"中国的外交能手"，就连敌人也不得不敬畏他几分，不敢小觑。

5. 应付记者的刁难时，如何找到合适的突破口？

在召开记者招待会时，被采访者有时会碰到不怀好意的记者有意发难。这时，被采访者可以以幽默、讽刺等方法去应付，必要时给予坚决回击，可以毒攻毒；遇到讥讽挑衅时，可歪释别解；遇到刁钻刻薄的要求时，可接茬引申，也可优雅回答，既维护自己尊严，又给对方委婉谴责。以上各法无论如何选用，都必须是间接答问的形式。这里讲四种方法，其余可参照此作灵活运用，举一反三。

首先，可以采用接茬引申法。所谓接茬引申法，就是当对方提出的问题使你实在无法回避又难以作出正面解答时，不妨顺水推舟接着他的话茬往另外方面引申，用引申之处的绝妙结果来回答对方的提问。接茬引申需要具备丰富的想象力和联想力，使间接回答的话语出乎对方的意料。所以，接茬引申法是岔题作答的一种行之有效之法。

一次丘吉尔访问美国时，有一位反对他的美国女议员咬牙切齿地对他说："如果我是您的妻子，我会在您的咖啡里下毒的。"丘吉尔狡黠地一笑，不屑地答道："如果我是您的丈夫，我会喝下那杯咖啡的。"

还是这个丘吉尔，在第二次世界大战期间，多次发表演说，极力主张与苏联联合共同抵抗德国纳粹的侵略。一位记者问他为什么替斯大林讲好话？他说："假如希特勒侵犯地狱，我也会在下院为阎王讲话的。"

丘吉尔并不把自己的观点直接亮明，而是把自己的观点寓于幽默含蓄的回答中，让对方去细细品味。这种作答方式，不但能恰到好处地回击对方不友好的态度，而且能使答话的语言充满情趣、魅力和耐人寻味的效果，也使得交谈在轻松愉快的氛围中进行下去。

其次，可以采用优雅回答的方法。优雅回答是一种站在高处，俯视对手，意味深长的回答，还可以说是大度回答。周总理是一位杰出的外交家，具有非凡的口辩才能。是友也好，是敌也罢，或者亦友亦敌，不友不敌，他总是沉着应付，自由周旋，于优雅谦逊间捭阖纵横。这其中有不少场面十分尴尬，环境十分险恶，一般人们认为问题比较尖锐，十分棘手的时候。

抗美援朝期间，一次，总理批阅完文件接受一美国记者采访。美国记者看到总理桌上放的是一支美国派克钢笔，就诘难道："你们堂堂中国人为什么用我们美国生产的钢笔？"总理含蓄地答道："提起这支笔呀，那可说来话长了。这不是支普通的笔，是一个朝鲜朋友抗美的战利品，作为礼物送给我的。我觉得有意义，就收下了这支贵国的钢笔。"

在这种巧妙的回答方式之中，总理由他的派克钢笔谈到"朝鲜朋友抗美的战利品，"而至"留作纪念"，显示出总理不仅口才好，德育高，而且思想能达到一定的境界，存在于万物之中又凌驾于万物之上。否则，答非所问，无的放矢，贻笑大方。

再次，可以采用现引现证法。简单地说就是现炒现卖，为了证明自己的观点，可以就地取材，由此及彼，由表及里，使得自己的论据更充实、更充分且抬眼可见，喻义也更深刻、更贴切。现引现证的"道具"通常是和对方有关系的，最突出的特点是语言直白、单刀直入，其强大攻击力足能使对方因猝不及防而落败。

美国前总统卡特竞选总统时，一位酷爱找茬的女记者采访了他的母亲。

女记者说："你儿子说如果他说谎，大家就不要投他的票，你敢保证卡特从未说谎过吗？"

卡特母亲："也许我儿子说过谎，但却都是善意的，无邪的。"

女记者："何为善意的说谎？"

卡特母亲："你记不记得，在几分钟之前，当你刚跨进我家的门时，我对你说你非常漂亮，见到你非常高兴？"

女记者听到卡特母亲的回答后，当场无言以对，败下阵来。原因很简单，那就是卡特母亲面对女记者的不礼貌行为，借着刚才的问候直接对女记者本人进行回击，现引现证，既削弱了女记者咄咄逼人的架势，又很好地维护了自己儿子的形象。

6. 直面问题，举重若轻，该如何讲话？

随着社会的发展，媒体自身功能的完善，再加上各种企事业单位自身宣传的需要，各种企事业单位与媒体之间已经形成了相互依赖、水乳交融的局面。无论企事业单位是否准备好面对，或者是否愿意面对如此发展迅速的媒体环境，媒体都已经成为当今社会发展中不可缺少的一部分，并且扮演着越来越重要的角色。

正是因为非常重要，很多企事业单位的上级和公关负责人，在对待媒体时反而表现出偏执的状态，要不就是针对认为"没用"的媒体冷淡相待，甚至想方设法极力回避"纠缠"，认为有些媒体的销售人员如同强盗。如防贼一样防媒体，或如供佛一样供媒体，都是非理性的。其实"有用"、"无用"的标准都是企事业单位自身的短视态度和狭隘思想所造成的。

在与媒体短兵相接的时候，企事业单位要把损失减到最小，要能从危机中站起来，变被动为主动，其第一步必然是直面问题。直面问题，举重若轻，才是企事业单位媒体应对中一门实实在在的学问。

首先，要及时化解敏感话题。

在一次记者招待会上，一名日本记者请邓小平谈一谈关于钓鱼岛及附属岛屿的归属问题。

这一敏感问题一出来，在座的每一个人都期待着邓小平的回答。现场的气氛一下子紧张起来。

邓小平却神态自若，不慌不忙地说道："日本所称的'尖阁岛'，我们叫钓鱼岛。名字的叫法不同，我们双方对这个问题的看法也不同。实现中日邦交正常化的时候，我们双方约定不涉及这个问题。这次谈《中日和平友好条约》的时候，双方也约定不涉及这一问题。我们认为两国政府把这个问题避开是比较明智的。这样的问题放一下不要紧，等10年也没有关系。我们这一代比较笨，谈这个问题达不成一致意见，下一代总比我们聪明，一定会找到彼此都能接受的方法。"

面对日本记者提出的这一敏感话题，任何国家领导人都不能发表个人观点，但又不能不回答。在此，邓小平直面敏感问题，举重若轻，颇为高明地避开了媒体雷区，将这一敏感话题轻易化解，现场紧张的空气顿时轻松许多。

其次，要学会温情安抚舆论，争取舆论同情。若是以为隐瞒事实，则只会雪上加霜。

宝洁公司的SK-Ⅱ危机可谓一波未平一波又起。

2005年3月7日，江西南昌消费者吕女士听信SK-Ⅱ "连续使用28天细纹及皱纹明显减少47%"的广告，结果使用后却出现皮肤瘙痒和灼痛现象，她为此就虚假广告等问题委托律师状告SK-Ⅱ。据律师调查，此款产品还存在成分标示不明及含有腐蚀性物质的嫌疑：其日文标示的产品成分表明，这款SK-Ⅱ紧肤抗皱精华乳含有氢氧化钠，俗称"烧碱"，具有较强的腐蚀性。

2005年3月21日，河南《今日安报》报道，一名郑州消费者由于担心SK-Ⅱ质量有问题，要求退货被拒绝，决定起诉宝洁公司。众多媒体转载了这条新闻，并对 SK–Ⅱ 的安全再次质疑。

2005 年 3 月 25 日，宝洁公司发布"致媒体公开信"。宝洁公司称，对 SK–Ⅱ 紧肤抗皱精华乳的检测结果显示，各项指标均符合国家要求，不存在质量问题。

2005 年 8 月，江西省南昌市东湖区人民法院对消费者因使用 SK–Ⅱ 化妆品出现过敏情况起诉宝洁公司案作出一审判决，驳回原告吕女士的诉讼请求。

从表面上看，法院驳回了消费者的诉讼请求，宝洁赢得了官司，SK–Ⅱ 似乎已经摆脱了危机，但宝洁为此付出了沉重的代价——痛失了市场的信任。

7. 不能正面回答对方的问题时，该如何答复对方？

回答记者提问要有礼有节、温文大度，即使记者的问题带有明显的偏见或有意识的挑衅，也不应激动发怒。但对对方提出的错误论点或论据也绝不能熟视无睹，听而不闻，应当以平静的态度、确凿的事理、犀利的语言，直截了当地给予必要的驳斥。这样，既可以维护本组织的良好形象，又能充分显示自己良好的风度和修养。

在一次国际会议期间，我国代表接受美国记者的采访时成功运用了正面驳斥法。

记者问："能否这么认为，如果你们不向美国保证不用武力解决台湾问题，那就是还没有和平解决的诚意。"

我国代表答："台湾是中国的领土，台湾问题是中国内政，采取什么办法解决是中国自己的事，无须向他国作什么保证。难道美国竞选总统也需要向我们作出什么保证吗？"

美国记者提出的这个问题带有明显的挑衅性，对这种无礼的问题，我国代表立即采用正面驳斥法，反驳了必须向美国作出保证的荒谬提法，又以一个反问句针锋相对，驳得对方哑口无言。正面反驳绝不是破口骂人，胡搅蛮缠，而是言辞锋利但不尖刻，要抓住关键之处奋力反驳。

有时候，我们对对方的问题不好做出正面的回答时，可以巧妙地避开问题的正面。

有一次，一个西域小国给汉武帝进贡了一些奇异水果，并说食用这些奇异水果之后，可以长生不老。汉武帝一听说这些水果可以让自己长生不老，就很高兴，重重地赏赐了前来进贡的官员。躲在宫殿后的东方朔听到后，就溜到后殿去偷尝，由于这种水果味道很美，东方朔就不自觉地把它们吃完了，这时候，正好有侍者进来撞见东方朔在偷吃，而且一下子全把水果吃完了，就赶紧向汉武帝报告，汉武帝龙颜大怒，就让人把东方朔捆上大殿，东方朔知道自己闯了大祸，也吓了一大跳。汉武帝问道："临死之前你可有何话要说？"东方朔赶紧跪下说："陛下，罪臣偷吃了您的水果，已经能够长生不老了，您就不想看看这是真还是假？"一句话引起了汉武帝的好奇心，怒气也就消了不少，于是就免了东方朔的死刑。

这里东方朔就是运用巧妙闪避法应答的。面对一些问题，有时由于其他种种原因，不能坦率相告，也不能给予驳斥，断然拒绝显得缺乏风度，而套用外交辞令"无可奉告"也会给提问者造成心理上的不快，如何巧对这类难题呢？这时采用"巧妙闪避"的方法较为妥当。

所谓"巧妙闪避"即是对对方提出的问题不作正面作答，但又不至于让回答的内容给对方留下风马牛不相及的感觉。要做到这一点，便需要讲究语言表达艺术。

在一次记者招待会上，一位保加利亚通讯社记者问钱其琛外交部长：

"您是否能澄清一下，中国领导人如何评价东欧的变化？我们东欧国家是否是西方和平演变的牺牲品？"

钱外长回答说："东欧局势变化很快，我们很难作出准确的判断。现在我们还要观察。当然对别国的情况表示关心是应该的，但对别国发生的事情随便加以评论、指手画脚是不合适的。所以我们认为，所有这些事情都是东欧国家的内部事务，由他们自己作出判断比我们作出判断更好。"

这里记者问的是一个十分敏感的问题，钱其琛外长巧妙地加以回避，并表明了不能对别国的事情妄加评论、指手画脚的严正立场，令人诚服。

8. 面对记者的敏感提问，如何回答来降低对方的兴致？

由于记者提问的主动性与灵活性，在记者招待会上很可能会涉及一些敏感性问题，上级为了开好记者招待会，达到最初目的，必须巧妙避开敏感话题，这样既能使对方下台，又不失体面。

首先，可以采取对记者所提问题进行模糊的回答的方式。不触及问题的实质，而以一些模糊的概念或数字搪塞对方，使其无从知道自己的真实态度和真实情况。

面对对方提出的尖锐问题，特别是有的问题指向的目标很明确，比如说具体的、确定的数字或时间，若只是如实的回答会带来泄密之嫌，惹来不必要的麻烦，而故意说出一个错误的答案，又不是诚实人所为。鉴于这种让人左右为难的情况，不妨用一些模糊的数字或概念作"挡箭牌"，这些数字或概念在一定的语境下不能表达什么确切的含义，因而也能够掩饰真实状况，把对方敷衍过去，避开他们咄咄逼人或是不怀好意的追问。

一次，基辛格在出访中到德黑兰作短暂停留。当天晚上，伊朗首相胡韦达邀请基辛格观看舞女帕莎的表演，基辛格看得很专心，而且当帕莎表演结束后，他还与她闲侃了一阵。第二天，一名记者多事地逗问他："你喜欢她吗？"基辛格听后很恼火，但他表面仍若无其事地回答那位记者："不错，她是一位媚人的姑娘，而且对外交事务有浓厚的兴趣。"那位记者很快就上套了："真的吗？"基辛格回答说："那还有假？我们一起讨论了限制战略武器会谈，我费些时间向她解释了怎样把 SS-7 型导弹改装成能在潜艇上发射。"那位记者本想听一些艳趣，没想到基辛格利用模糊语义应对，把他弄得索然无趣。

还有一例来说明模糊回答的妙处。

1945 年，美国在日本投下两颗原子弹后，美国新闻界一个突出的话题是猜测苏联有没有原子弹以及有多少颗。当苏联外长莫洛托夫率一代表团访问美国时，在下榻的旅馆门前被一群美国记者包围，有记者问莫洛托夫："苏联有多少原子弹？"莫洛托夫绷着脸仅用了一个英语单词回答："足够！"这个"足够"一词是个模糊概念，既可以回避有多少颗原子弹这个在当时不便公开的秘密，又表达了苏联人民的自尊和力量。言简意赅，恰到好处。

当记者探问苏联原子弹的数量，期望莫洛托夫说出一个确切的数目时，莫洛托夫以"足够"作答。至于"足够"到底是多少，"足够"意味着哪一方面的"足够"，大家不得而知，这个模糊的概念成功地搪塞了美国记者的刺探。

其次，我们还可采取借敌之误，顺水覆舟的方法。辩论中所采用的顺水覆舟战术，作为舌战谋略，是抓住对方已有悖点的话茬顺接着说下去，对方在被你所"顺"的路上越滑越远，其误发展到不可收拾的时候，那船只需轻轻一踹，它就自然下沉了。顺水覆舟战术是借敌之误而取胜的技巧之一。

有一位资深的记者在采访扎伊尔总统蒙博托时有过一段简短的对话——

记者：总统阁下，依您的为人，向您请教个问题该不会拒绝赐教吧。

蒙博托：那就请便吧！

记者：总统阁下，你很富有。据说您的财产达到 30 亿美元，是真的吗？

蒙博托：一位比利时议员说我有 60 亿美元！你听到过吧？！

上述事例中，表面上记者问的是总统家的经济状况，实际上是涉及政府首脑是否廉洁的政治问题，对这样的问题，蒙博托的回答必须是慎重而又小心的。这种回答难度极高，正面解释是难以说清的，置之不理则会让人误以为是默认。而蒙博托则来个顺水覆舟，虚而掩之，掩而袭之，巧妙地用一个十分夸张的情况，顺着对方问话来反问一句。如此一来，蒙博托不但不回答记者的刻薄提问，而且掷出一个较为棘手的问题难住了记者。从上述交谈可看出，蒙博托不愧为一国之首，其雄辩的能力让记者也自愧不如。

顺水覆舟战术妙在将对方的攻势转化为我方的进攻的武器，我方只需要调转枪口，就会将对方摆在难堪的境地，大有"四两拨千斤"之功效。但是，运用顺水覆舟的关键在于处理好"顺"与"推"之间的转换关系。毕竟，推得过度，就会造成覆的结果。

9. 面对敏感话题，上级该何时顾左右而言他？

对企事业单位来说，敏感问题往往是危机产生的关键。因此，如何应对敏感问题，已经成为最令企事业单位领导头痛的一个问题。敏感问题处理得当，对渡过整个危机有很大帮助；敏感问题处理不当，无疑会使企事业单位陷入更严重的水深火热之中。

首先，要知道面对敏感问题，什么时候不打官腔、踢皮球。

在某年举办的有来自全国30多个城市的市长参加的"应对突发事件和危机处理市长研讨班"上，当被问及一个敏感问题时，一位市长回答说：

"药品生产管理权在卫生部门，我不是回答这个问题的最合适人选。"

另一位市长则说："我们不希望有这样的事情发生。如果有这样的事情发生，我们感到非常遗憾。我们将按照有关规定处理。"

从媒体的角度看，这两位市长的回答，一个是踢皮球，一个是打官腔。在现代，打官腔、踢皮球的做法越来越受到媒体和公众的批评、谴责。作为企事业单位的领导，在公众舆论面前敷衍塞责，转移视线，说轻了叫糊涂，说重了是推脱责任。至于"非常遗憾"和"按照有关规定处理"之类的话，更是一种障眼法，出了问题，一句"遗憾"不能算是对事情有了交代。再者，谁都知道要"按照有关规定处理"，关键是要按照什么规定、处理谁和怎样处理。打官腔、踢皮球的回答，经不住公众的质询和专家的推敲，其作用只能是暂时帮助你从记者堆里脱身。

某市发生了一起严重的火灾事故，记者去采访市长，市长让记者去采访分管副市长，分管副市长又让记者去采访公安局和消防队。

一个与市长是朋友关系的记者问："市长，您为什么不肯接受记者的采访？"

市长说："我怕记者胡写。"

记者朋友说："一般来说，记者都会客观报道，不会歪曲事实的。老百姓希望了解真实情况，市长接受记者采访出来说话有好处。"

市长说："正是因为关系重大、影响重大，所以我不便接受记者的采访。不接受采访我没有责任，一旦说错了就是我的责任。"

这位市长的想法其实相当普遍，代表了大多数领导在对待媒体时的态度。在敏感问题上，企事业单位的上级与媒体的关系通常有如下几种类型：

（1）拒绝见面，对媒体不想见、不愿见、不便见、见不见关系不大，对自认为见了没有好处的媒体采取拒而不见的办法。

（2）见了面，但避而不谈实质问题，在不得不见、见比不见好处多的情况下，采取见面但避而不谈实质问题的办法，尤其是对敏感问题和批评报道。

（3）打官腔、踢皮球，绕实质问题转圈子，目的是让媒体白费劲，得不到真实情况。

（4）大动肝火，粗暴对待，甚至辱骂、推搡，指使手下的人打记者，这种情况多发生在突然面对媒体来采访突发事件、批评报道的过程中。

（5）平时关系友好，但面对媒体来采访突发事件、批评报道时，便态度冷漠，消极应付。

（6）用得着媒体的时候特别热情，用不着媒体的时候消极冷淡。

（7）持一份平常心，按照规定、程序、情理来处理与媒体的关系和接待媒体采访。

（8）建立长期友好关系，热情接待媒体采访，不管是媒体的正面报道还是负面报道，都客观、诚恳地介绍情况，尽量满足媒体的采访要求。

其实，陷入危机后，回避媒体的做法是错误的。因为报道是媒体的天职，如果媒体从企事业单位的官方渠道得不到正面回应，就会想方设法从别的渠道挖一些报道材料。这样，从第三渠道来的信息，就有可能是负面的和不真实的。

一位深谙与媒体打交道的官员曾深有感触地说，企事业单位上级成功的一个标志就是善于与媒体打交道。在应对敏感问题时，拒绝与媒体见面往往得不偿失。

10. 面对群体性上访时，该怎么办？

群众集体上访，是最令上级干部头痛的事。众人打着标语，成群结队，直闯政府，或是静坐，或是堵门，甚至升级为群体冲突……为了阻止事态进一步往不好的方向发展，一些基层干部不得不采取一些强制性的方式如半路拦截，或动用公安等等，有时也不免与群众发生直接冲突，弄得干群关系紧张，影响极其不好。实际上，堵截不是办法。群众有意见，应该引导他们通过正当渠道反映。但是，如果疏导不成功的话，形成聚众上访，那么就需要采取适当的平息方式。

如何平息呢？我们不妨试试如下方法。

首先，要和上访者多交流。凡人都需要理解，需要尊重。普通百姓也一样。他们对社会上一些现象不理解，对个别党员干部的行为不满意，时间长了，就容易积发怨愤情绪。他们需要诉说，需要讨个公道，本是正常现象。作为上级干部，只要群众说得对，就应该跟群众坐到一条板凳上去，体察民情、民心和民意，而不应居高临下，仗权压人。

某县一个叫费尧村的地方出现了一次群众集体上访。群众反映乡里一些部门乱收费，使他们不堪重负。县里派一位副县长亲临这个村调查处理，这位副县长跟群众三句话没说就闹僵了："费尧，费尧，村组工作费力，办事叫人费神，说话让人费解。一句话，费尧，令人费心劳神。"听着这话，本来就不满的群众更加不满，说："我们要求减轻负担，有什么不对？难道加重农民负担合理合法？"双方对立情绪越来越大。

这时，刚上任三天的代理乡长主动请战平息事态，说："父老乡亲们，首先感谢大家来参加这个会议！"接着，他在台上对下面的群众连鞠三躬，群众的不满情绪一下子缓解了许多。他又说："各位父老乡亲，你们真是太辛苦了：脸朝黄土背朝天，一天挣不到一包烟。再加上我们的工作中确实存在一些问题：几顶大檐帽，压着一顶小草帽；各项工作搞达标，都要农民掏腰包……我作为农民的儿子，深深地了解你们，同情你们。"几句掏心窝子的话，说得台下阵阵掌声。他抓住火候接着说："无论什么人，增加农民负担都是违背上级精神的。我在这里向大家保证：坚决查处！请大家不要再上访，回去安心生产。我一定给你们满意的答复。"掌声过后，一场激烈的群众上访就这样平息了。

其次，要从严治身。这里的"身"是指领导干部自身。领导干部能否从严治身，也往往成为直接关系干群矛盾的焦点。

某乡有一个村，每到交税款、修水利、搞计划生育时，群众就纷纷上访告状。时任乡领导不闻不问，几年来一直不安定。新任乡党委书记经过深入调查了解到，该村村干部与村民矛盾很深，原因是村干部处处搞特权，几乎所有的村干部，包括这些村干部的亲朋好友都只种田不交税款，每家都超生，而税款和水利任务都摊派到其他人头上。农民们对此极为气愤。事实查清后，乡党委作出决定：立即整改，该补交的补交，该罚款的罚款，该赔偿的赔偿。否则，依贪污论处，送司法机关查办。同时，乡党委书记召开这个村的村干部会时说："我是乡党委书记，我的父亲78岁了，一人在家种一亩责任田，他照样交税款，应交的一样不少，不信你们去调查。你们有什么理由搞特殊？今后，全乡党员干部一切向我看齐。我身不正搞特权，你们罢我的'官'；你们不正，我撤你们的职。"

经过一番整治，这个村从此走向正轨，各项工作一直处在全乡前列。

当然，平息上访的方法还有很多，上述方法也不是各自孤立的，而是相互联系的，有时也可以几种方法结合使用。总之，只要广大领导干部坚持实事求是的思想，从严要求自己，就能与群众心心相印。也只有一心想着群众的干部，才能从严治身，实事求是、脚踏实地地为群众工作。当然，能否平息上访，保一方平安，最终还在于领导干部自身。

第九章　人际交往中的口才技巧及实例

——言谈间既要维系友情，又不至为友情所累

1. 与朋友交往，如何用优雅的谈吐获得对方的好感?

哈佛大学前任校长伊立特说过："在造就一个有教养的人的教育中，有一种训练是必不可少的，那就是，优美而文雅的谈吐。"

善于说话的人，不但能让素不相识的人对其产生良好的印象，结识新朋友，并且能赢得好人缘，处处受欢迎。

许多人说话的技巧并不高明，那是因为他们没有把谈话作为一门艺术去对待，更不曾在这门艺术上下过工夫。他们不喜欢读书，更没有主动的意识多思考。他们说话时，随便用粗俗的语句，而不是"三思"而后言，将自己的意思用适当的、优美的语言表达出来。

大多数年轻人，平日只喜欢说些没有任何意义的闲闻琐事来瞎扯，而不去注意提高自身的修养与内涵。面对一个陌生人，若还是采取平常的肆无忌惮的说话方式，难免会招致别人的反感。

据传，有家父子冬天在集市上卖便壶。父亲在南街卖，儿子在北街卖。

不多久，儿子的地摊前有了看货的人。

有个人看了一会儿，说道："这便壶大了些。"

那儿子马上接过话茬："大了好哇！装的尿多。"

人听了，觉得很不顺耳，便扭头离去。在南街的父亲也遇到了这样的顾客。当听到一个老人自言自语说"这便壶大了些"后，父亲马上笑着轻声地接了一句："大是大了些，可您想想，冬天夜长啊！"好几个顾客听罢，都会意地点了点头，继而掏钱买走了便壶。

父子两人做同一种生意，但是结果却截然不同，原因就在他们的说话方式上。儿子的话说得固然实事求是，的确，便壶大装的尿多，他是实话实说。但不可否认，他的话说得粗俗，难以入耳，令人听了感觉很不舒服。本来，买便壶本来就让人感到些许的不好意思，何况还有些私密的因素在内，面对这么多人，若是当街和这位小儿讨论，肯定是很不自在。试想平日人们可以拿着脸盆、扁担等大大方方地在街上走，但若拎着个便壶走在街上，就多少有些尴尬了。此时，儿子直通通的大实话怎么不使买者感到几分别扭？而那个父亲则可以说是一个高明的推销商。他先赞同顾客的话以拉近顾客的距离，然后，又以委婉的话语相告"冬天夜长啊"，这句看似离题的话说得实在是好。它无丝毫强卖之嫌，却又富于启示性，因为冬天天冷夜长，夜解次数多且又怕冷不愿意下床是自然的，大便壶正好派上用场。这设身处地的善意提醒，顾客不难明白。卖者说得在理，顾客买下来也就是自然而然的事了。

儿子一句话搞砸了生意，父亲一句话赢得了生意，这不正说明了优雅谈吐的重要性吗？

在我们说话时，要用文雅的措辞，自然的态度，并且要处处表现出你的善意。唯有充满温暖、富于情感的话语，才能够引起他人的注意。假使你的话是冷冰冰毫无人情味的，肯定是不会引起他人的注意的。

为了提高讲话的水平，我们可以试着做各种练习，把每一次说话看成是一种实践的机会，努力去作优美而优雅的谈论。尝试着每一次都用清楚、流利、文雅的言词去表示自己的意思，这是一种良好的训练。

"近朱则赤，近墨则黑"，多结交有学问的人，常与他们交谈，耳濡目染，自然你也就会说话了。另外，多读书，也是提高语言艺术的一种好办法。读好书就像是与拥有高尚情操和道德修养的大师们交谈一样，多读书不但能开拓心胸，增加知识，在潜移默化之中也会提高表达能力。

2. 朋友间互相打趣，如何在谈笑间加深感情？

生活中，我们与朋友虽然不是天天见面，但与朋友之间的感情却是不容忽视的。朋友就像是生活中的调味品，有了朋友，生活就会变得多姿多彩；缺少朋友，生活就会变得枯燥乏味。

朋友可以不常见面，不常联系，但每次交流、每次相见，都会相谈甚欢，友谊也就是在这样的交流中流淌着。

北宋时期，苏轼和黄庭坚是一对无话不说的好朋友，他们都喜欢赋诗和讨论书法。有一次见面时，他们俩一起讨论书法。

苏轼对黄庭坚说："你近来的字虽愈来愈有长进，不过有的地方却显得太瘦硬了，几乎像树梢绕蛇啊！"说罢仰头哈哈大笑。

听完苏轼的评价，黄庭坚说："师兄的批评令我折服。不过，师兄的字……"

苏轼忙问："你干吗吞吞吐吐，怕我受不了吗？"

黄庭坚于是大胆地说道："师兄的字，遒劲有力，然而，有时写得就像是石头压住的蛤蟆。"话音一落，两人都笑得前仰后合。

这些大师们能在谈笑间互相磨砺，达到了互相帮助、互相促进，并增进友谊的目的。

当然，再要好的朋友之间也会有闹矛盾的时候，这是无可避免的。当朋友间出现矛盾时，该如何调和呢？这时，不妨开个玩笑，说句逗趣的话，这要比一本正经说道理的效果更佳。

李平和张军是一对好朋友，有一次，由于误会，他们俩闹得很不愉快，由此产生了隔阂，并在很长的时间里互不往来。

有一天，李平主动来到张军家，进门便说："老张啊，我今天来是唱'将相和'的。"

张军明白李平的意思，他有点不好意思地接过话头说："要唱'将相和'也该我'负荆请罪'啊！"于是，两人在笑声中握手言和。

试想，如果李平和张军若不用这种说笑式交谈，要驱除各人心中的云雾，该说多少话呀！而且效果未必有这么好。

由此可见，说笑打闹，谈笑风生，是朋友间交往的无意流露，也是真情体现。友谊往往就是在这亲密无间的说笑声中得到加深的。

在现实生活中，很多人由于自己性格内向，不善言辞，因此认为自己很难和朋友加深感情，促进友谊。其实，事实并非如此。性格内向的人在和朋友交往时，可以作一些必要的调整，这样就会和朋友相处甚欢了。

有时需要放下身段。无论你身处何种地位，如果想要受人欢迎，就得放下身段，主动去亲近别人。想想看，谁会去接近一个成天紧绷着脸，眼睛长在头顶上的人？

有时需要把话说得亲切点儿。朋友之间，说话不能太生硬，要有亲切感，这样朋友才愿意和你交流，愿意与你增进友谊。否则只会拉开彼此间的距离。如："嗨，穿得这么漂亮干什么？要迷死人啊！"这句恭维话就比"你今天穿的衣服非常漂亮"要来得亲切。

有时偶尔也需要假装糊涂。不会有人喜欢成天面对着一本正经的苦瓜脸，适当地装点儿疯，卖点儿傻，就算嘴里讲着歪理，也不会有人怪你。这样不但可以自我放松娱乐一番，而且还可以活跃气氛。如果夫妻、父子之间也以这种方式相处，自然就会有一个甜蜜温馨的家庭氛围，让人有一下了班就想要赶回家去的心愿。

与朋友相处，有时需要拿出你的热情，献出你的诚恳。朋友之间遇到麻烦需要有人帮忙时，尽管站出来说："让我来！"此外，时常打个电话问候一下朋友，不要等到有求于人时才临时抱佛脚，结结巴巴地说："无事不登三宝殿。"那样只会给人"有事有人，没事没人"的感觉。

总之，我们只要按以上方法调整与朋友交往的分寸，就可以与朋友谈笑自如，尽享友谊之果。

3. 朋友交流，如何适时地插话？

在一次朋友间的小型聚会上，刘延成了最不受欢迎的人。整整几周他都在为自己说了不该说的话而懊恼。在这次聚会上，大家请一位刚刚从桂林旅游回来的朋友讲讲这次游历的见闻。这位朋友打开了话匣子，兴致勃勃、滔滔不绝地讲起了一路上所见的奇景趣闻，大家也是听得津津有味。偏偏不久前刘延也去了桂林，听了这位朋友的描述，忍不住也插起话来。一会儿问某某景点你去看了没有，一会儿又说其实也就那么回事，没什么意思。总之频频打断朋友的叙述，几次之后朋友感到兴味索然，紧紧闭上了嘴，面色阴沉，极为不满，不发一言。大家也正在为刘延的行为不满，见这位朋友不说了，纷纷对刘延怒目而视。心里均想：现在没人说了，你自己说个够吧。这时刘延只感到不知所措，却说不出来了，左一眼右一眼地打量着大家。最终这场聚会不欢而散。

公司里一个重要的会议正在召开中，上级正在对上一年度的工作进行总结。因为多种原因，上一年只是勉强维持了不赔不赚的局面。说着说着本来就有些烦躁的上级语气越来越严厉。所有与会人员都默不作声，这时一位几个月前被提拔上来的一位经理不适时地开了个玩笑。正有一肚子火无从发泄的上级找到了出气筒，顿时大发雷霆："谁让你说话的？我让你说话了吗？你有什么资格插嘴？你给我出去！"

这位经理被这一串突如其来的连珠炮轰得哑口无言。其实公司的同事都知道他喜欢开玩笑，而且还经常能在繁忙的工作中插几句玩笑话帮大家调解情绪。

听了上级的训斥，这位经理有些不满："公司效益不好又不是我一个人的责任，跟我发脾气有什么用？"说完竟然摔门而去。不用说第二天他就被撤去了经理职务。

上面说的这二位都没有掌握好插话的时机，以至于给自己惹下了麻烦。其实，在交谈中插话是必不可少的，否则交谈就变成了独白。但是在什么时候插话，在什么场合下插什么样的话可是大有讲究。当朋友正在无比兴奋地陈述自己的观点时，最好不要插话。如果想发表自己的不同意见最好等朋友全部说完。或者这时你不妨附和他一下，以便你提出反对意见时他能较容易接受。否则的话，像刘延一样，朋友每说几句他就要插话，打断了朋友的思路，是非常不礼貌的表现。而且也使自己显得素质低下。

不管怎么说朋友之间的矛盾还是比较容易解决的，但在职场上可就不同了。一旦上司看你不顺眼了，除非你辞职不干，否则难有翻身的余地。上级是公司里的权威，不管脾气多么好的上级在当众讲话时被随意打断都不会有好脸色，他会觉得你侵犯了他的尊严，尤其是在盛怒之下。在这种情况下要特别注意察言观色，俗话说"出门看天色，说话看脸色"就是这个道理。如果你确实觉得上级说话有失公允，也要等他心平气和了再跟他私下里沟通。只有这样才能达到你预期的效果。

4. 平时和朋友闲聊，如何维护朋友自尊？

每个人都有自尊，这种自尊容不得他人侵犯。在人际交往中，我们应保护他人的自尊，不去侵犯他人的自尊。要知道，一旦个人的自尊遭受侵犯或攻击时，即使过后你已经对他表示歉意，恐怕也无法弥补双方已损伤的关系。

在和他人交往时，如果你能处处维护他人的自尊，给他人足够的面子，对方一定会觉得你很重视他、尊重他，因此，他就会愿意和你交往，也愿意尽自己的力量帮助你。

众所周知，三国时期，诸葛亮之所以一生追随刘备，鞠躬尽瘁，死而后已，就是因为刘备对其三顾茅庐的诚信打动了他，而且在众人面前处处留给诸葛亮足够的自尊。诸葛亮不仅全心回报了刘备，也回报了其儿子刘禅，最后，终以生命相报。

由此可见，在人际交往中，维护他人自尊的作用是何等举足轻重啊！无论是陌生人，还是朋友，我们都要维护他们的自尊。对待朋友，与其伤朋友的自尊，不如给他面子，让他欠你的情，那么他日后回报的面子一定大于你给他的。

那么当朋友出现错误时，我们该如何维护他的面子呢？在这种时候，直接提建议可能会伤害到彼此的感情，不如采取迂回的方式对他说："虽然你有你的生活方式，可是我觉得如果你这样做，会更好。"或者"这件事那样做是不对的，我相信你是不会那样做的，对不对？"这种间接的说话方式更容易让朋友接受。

戴艳杰进公司不到两年就坐上了部门经理的位置，但是有个别下属不服，有的甚至公开和她作对，就连她的朋友向晓晓也不例外。每次上班时，向晓晓都故意迟到，一周五天工作日，她甚至有四天迟到。

按公司规定，迟到半小时就按旷工一天算，是要扣工资的。问题是，向晓晓每次迟到都在半小时之内，所以无法按公司的规定进行处罚。戴艳杰知道自己必须采取办法制止向晓晓的这种行为，但又不能让矛盾加深。

于是，在一天上班的时间，戴艳杰把向晓晓叫到办公室，关心地问："你最近总是来得比较迟，是不是有什么困难？"

"没有，堵车又不是我能控制的事情，再说我并没有违反公司的规定呀。"

"我没别的意思，你不要多心。"

戴艳杰明显感觉到了对方的敌意。

"如果经理没什么事，我就出去做事了。"

"等等，晓晓，你家住在体育馆附近吧。"

"是啊。"向晓晓疑惑地看着对方。

"那正好，我家也在那个方向，以后你早上在体育馆东门等我，我开车上班可以顺便带你一起来公司。"

向晓晓原本以为戴艳杰会批评她，但没想到戴艳杰说的是这事，因此她反而有些不好意思，喃喃地说："不，不用了……你是经理，这样做不太合适。"

"没关系，我们是同事，帮这个忙是应该的。"戴艳杰的话让向晓晓脸上突然觉得发烧，人家戴艳杰虽然当上了经理，还能像朋友一样看待自己，而自己的这种消极的行为，实在是不应该。事后，向晓晓不但在工作上兢兢业业，而且还尽力帮助戴艳杰，她们之间的关系比以前更好了。

自尊之心，人皆有之。要维护一个人的自尊，就要给他人以肯定的评价。

无论一个人的地位、职务多高，成就多大，他们都无不关心外界对自己的评价。由于来自外界评价的性质、强度和方式不同，人们会相应地作出不同反应，并对交际过程及其结果产生积极或消极的影响。当得到肯定的评价时，人们的自尊心理得到满足，便会产生一种成功的情绪体验，表现出欢愉乐观和兴奋激动的心情，进而"投桃报李"，对满足自己自尊欲望的人产生好感和亲近，采取积极的合作态度，交际必然向成功的方向发展。反之，当人们不受尊重，受到不公正的评价时，便会产生失落感、不满和愤怒情绪，进而出现对抗姿态，使交际陷入危机。

因此，在人际交往中，如果你处处维护他人的自尊，那么你就会得到越来越多的新朋友，老朋友和你之间的关系也会越来越深，从而你就会有一个非常牢固的友情网络。当你需要帮助时，他们就会毫不犹豫地伸出援助之手。

5. 当朋友遇到困难，如何进行安慰？

每个人在前进的旅途中都会遇到伤心难过的事情，当朋友遇到伤心事时，很多人要么好言相劝"坚强点儿"，要么帮助分析问题，告诉他"你应该怎么做"，还有人会批评对方："我早就跟你说过……"其实，这些做法不仅不能使人得到安慰，还会使对方更加伤心。

当朋友遭遇不幸时，我们应给予贴心的安慰。安慰如"雪中送炭"，能给朋友以温暖、光明和力量。

一位少妇投河自尽，被正在河中划船的老船夫救起。

老船夫关切地问道："你年纪轻轻，有何想不开的要寻短见呢？"

少妇哭得很伤心，说："我才结婚一年就被丈夫抛弃了，活着还有什么意思呢？"

"那我问问你，你一年以前是怎么过的呢？"老船夫问道。

少妇回忆起自己一年前的美好时光，她眼前一亮："那时我自由自在，无忧无虑，对生活充满了希望。"

"那时你有丈夫吗？"老船夫又问。

"当然没有啦。"少妇答道。

老船夫说："那么你不过是被命运之船送回到一年前，现在你又自由自在，无忧无虑了，你什么也没损失啊。"

少妇想了想，说："这倒是真的，我怎么会和自己开了这么大一个玩笑呢！"说完，对生活又充满了希望。

人在悲伤的时候，总会认为未来的生活毫无希望，从而失去对生活的兴趣，老船夫让少妇回忆起过去的美好生活，让少妇明白生活中还是有很多让人快乐的事情，重新点燃了她对生活的希望之火。

朋友遭遇不幸，我们给予安慰本无可厚非，但安慰人也要讲方法，要根据对方的心理需求，给予最贴心的安慰。

要理解朋友的苦恼，就需仔细地聆听朋友的倾诉。一颗沮丧的心需要的是温柔倾听的耳朵，而非逻辑敏锐、条理分明的脑袋。倾听是用我们的耳朵和心去听朋友的声音，不要追问事情的前因后果，也不要急于作判断，要给朋友空间，让他能够自由地表达自己的感受。

倾听时，要设身处地，朋友会察觉到我们内心的波动，若是我们抱着不认真的心态，只会让对方感觉到你是虚情假意。如果我们对他的遭遇能够"悲伤着他的悲伤，幸福着他的幸福"，那么对被安慰者而言，这就是给予他的最好的抚慰，你们的感情也会因此变得更加深厚。

在理解朋友的苦恼后，我们就需接纳朋友的世界，站在朋友的角度去看他所面临的问题。一般来讲，安慰人最大的障碍，常常在于安慰者无法理解、体会、认同当事人所认为的苦恼。人们容易将苦恼的定义局限在自我所能理解的范围中，一旦超过了这个范围，就是"苦"得没有道理了。由于对他人所讲的"苦"不以为然，因此，安慰者容易在倾听的过程中产生抗拒，迫不及待地提出自己的见解。因此，安慰者需要放弃自己根深蒂固的观念，承认自己的偏见，真正站在朋友的角度去看待他所面临的问题。

心理专家指出："安慰并不等同于治疗。治疗是要使人改变，借改变来断绝苦恼；而安慰则是肯定其苦，不试图作出断其苦恼的尝试。"事实上，在安慰人时，任何解决方法都很可能会毫无效果，以至于令对方再失望一次，所以，与其如此，还是不加干预、不给见解的好。认真的倾听、了解并认同其苦恼，这才是安慰的最好效果。

6. 真诚地提出朋友的错误，如何说才合适？

和朋友相处应真诚。诸葛孔明先生说过："靠权势和金钱交的朋友，难以长久；靠真心诚意结交的朋友，其情就像常青树一样，四季不衰。"

在和朋友交往时，若对朋友不是真心实意，而是表面一套，背地一套，即使能骗得朋友一时的信赖和好感，但日久见人心，这种虚伪的做法终究会被朋友看穿。因此，在和朋友交往时应真诚相待，不要有半点虚情假意。

维也纳著名心理学家阿尔弗列德·阿德勒曾在其作品中写道："谁不对自己的友人真诚，谁就会在生活中遇到最大的困难，就最容易伤害别人。人类的一切败事皆出于此。"事实确实如此，假若你有两位朋友，一位朋友与你谈话经常拐弯抹角、闪烁其词；而另一位朋友说话却很直率，心诚意笃、直抒胸臆。二者相比较，你一定会对心诚意笃的朋友更喜欢一些。

朋友间要做到直率诚恳，就需要对朋友实话实说。假如当你不能满足朋友要求时，就应直截了当地向他说明原因，这样将能获得谅解；当你求助于友人时，开诚布公地提出来，友人会鼎力相助；当朋友言行出了问题时，你不妨直抒己见，给予帮助。总之，直率诚恳是指朋友间交谈不隐瞒自己的想法，不讲客套话。相互信任，肝胆相照，这样才能深化友谊。

不过，需要注意的是，朋友间直率诚恳地谈话并不是说朋友间在交流沟通时不需要讲究谈话技巧。从宋代大文学家欧阳修与友人宋祁的故事中，我们可以悟出，朋友之间在沟通时仍需讲究语言的技巧。

宋祁爱好写文章，不过他在写文章时总想显示出自己的水平，因此，他在文章中经常用别人看不懂的冷僻字。对于他的这个毛病，欧阳修很想告诉他，于是，当欧阳修同宋祁一起修《新唐书》时，便巧妙地将宋祁的这个缺点给指了出来。

一次，欧阳修去探望宋祁，宋祁不在，他便在门上写上一句话："宵寐匪贞，札闼洪休。"宋祁回家看后感到莫名其妙，只好去问欧阳修。

欧阳修说："你忘了，这八个字是'夜梦不详，题门大吉'啊！"

当时，宋祁埋怨欧阳修不该用冷僻字眼。

欧阳修听了哈哈大笑道："这就是您修《唐书》的手法呀！'迅雷不及掩耳'，多明白，您偏编写成'震雷无暇掩聪'，这样写出的史书谁能读懂呢？"

听了欧阳修的话，宋祁深感惭愧，表示以后要改掉这个毛病。

欧阳修以诚笃之心、直率之言给了宋祁帮助，增进了友谊。

一般来讲，朋友之间会有许多相似点，比如相似的性格、兴趣或爱好等，但在这个世界上并没有真正完全相同的人，因此朋友之间也难免会产生矛盾与摩擦，在这个时候，朋友间首先要在语言上把握分寸，不伤害对方，不损害友谊。双方可以各抒己见，各不相让，但绝不可以不尊重人格，绝不可以为了个人意气和私利而争论不休。假如朋友间真有什么大事躲不过争论，那也应该注意分寸，以免伤了彼此的和气。

7. 朋友之间，感谢的话怎样才能说到点子上？

朋友是最能理解自己的人，对再好的朋友也要讲一下感恩之情。

有人认为，朋友之间非常投缘，如此要好的朋友之间没有必要讲那些客套。过于客套还会给人一种虚假的表象甚至压力。然而现实生活中，并不是所有的事情都像自己想得那样简单，人与人之间的想法毕竟不是完全一样的。有时候，在朋友帮完忙之后，一句感谢的话，还是必要的，因为也许朋友帮忙之后并没想着你的回报，但是至少你的一句真心的感谢，还是会使他感到舒心。所以，朋友帮忙之后，要记得及时感谢，不要把感谢的话留到明天，甚至是一拖再拖。

金小白在下班回家的路上百思不得其解，为什么多年的好友黄一飞对自己越来越冷淡。金小白和黄一飞从小学开始就是同班同学，直到大学毕业都在同一所学校。中学时，二人一个是班长，一个是团支书，共同配合班主任把班级工作搞得井井有条。同学们都说他们是"黄金"组合、最佳搭档。即使工作了，因为住得很近，也是经常见面。但是在最近的一次中学同学聚会上，金小白发现黄一飞和多年未见的老同学们有说有笑，甚至对有些相互已经不大认得出来的同学也是十分热情。偏偏对自己——这个二十年交情的朋友很是疏远。

回到家里金小白给另一个老朋友陆远打了个电话，对他抱怨黄一飞对自己爱理不理的态度。没想到陆远却说："其实我早就想提醒你，可又不知道该怎么说。既然事情已经这样了，那我就直说了。我认识你们也不是一天两天了，你们的关系我知道。你想想这半年来黄一飞帮了你不少忙，你怎么连一点表示都没有？"

"这么多年的朋友了，还用得着这么客气吗……"

"这不是客气，这是做人的道理。不错，这么多年的朋友，不需要你物质上表示什么，但是几句感谢的话你还不会说吗？"说到这里陆远有些气愤，竟然把电话挂了。

放下电话，金小白沉思良久。

周末，金小白请了包括黄一飞在内的几位老朋友在一家老字号饭店聚餐，大家从最近的工作聊起，又一路聊到读书时的趣闻，气氛渐渐热烈起来，其间一位朋友又提到了"黄金"组合。

金小白看时候已到，端起酒杯说："这杯酒，敬我的老朋友黄一飞，特别感谢他这么多年在各方面对我的关心和帮助。谢谢！希望我们'黄金'组合永远是最好的搭档。我先干为敬。"说着就喝完了一杯酒。

黄一飞听了这话不觉站起来，也喝干了一杯酒，说道："老朋友还客气什么。"

二人再次落座之后，原本比较沉默的黄一飞话也多了起来。酒宴过后，二人又同往日一样亲近了，送走了其他好友，二人结伴，一道回家。

有些人总是以为，熟到不能再熟的朋友说"谢"反而显得见外。其实不然，无论多深厚的友谊也是需要细心维护的。

好朋友之间的微妙关系有时候处理起来可能更难。对待给予我们帮助和关心的朋友，不但要心怀感激之情，更要把这种感激之情表达出来。可能朋友需要的就是你几句简单的感谢。

金小白是个聪明人，他不但选择了一家老字号的饭店来暗示自己和黄一飞多年的友谊，还请来了几位老朋友作陪客——其实他们都知道这次的主角是金小白和黄一飞。酒酣耳热之时，在朋友的欢声笑语间，金小白又在大家面前表达了对黄一飞的感谢。金小白选对了说话的地点和时机，终于冲破了这段友谊的瓶颈。

"谢谢"的话说与不说实在是有天壤之别，它不仅是一句客套话，一句礼貌用语，而已经成为人们心灵沟通的润滑剂。许多人常常不好意思或不愿意说感谢的话，这样时间长了，总会给朋友留下不好的印象，朋友不但会觉得你这个人不懂礼貌，而且在感情上似乎觉得还会有所缺憾。

因此朋友之间，应该时刻记住对方对你的帮助，反过来，你就会对他好，循环下去，你们的友谊才能持续下去，更加坚固。

8. 让朋友更愿意接近你，如何把优越感留给朋友?

每一个人都希望自己是个优秀的人，在和朋友交往时，我们可以让朋友表现得比自己优越，这样就会让朋友在心理上获得满足，从而更愿意与你相处。

法国哲学家罗西法古说："如果你要得到仇人，就表现得比你的朋友优越吧；如果你要得到朋友，就要让你的朋友表现得比你优越。"

安德鲁·卡内基被誉为美国的钢铁大王，在刚开始接触钢铁行业时，他既无资本，又无钢铁专业知识和技术。然而，就是这么一个毫无优势的人，却在后来成为举世闻名的钢铁巨子，这当中充满着神奇的色彩，使许多人迷惑不解。

在成名后，有一位记者好不容易才令卡内基接受采访，他迫不及待地直接就进入话题："您的钢铁事业成就是公认的，您一定是世界上最伟大的炼钢专家吧？"

卡内基哈哈大笑地回答："记者先生，您错了，炼钢学识比我强的，光是我们公司，就有两百多位呢！"

记者诧异道："那为什么您是钢铁大王？您有什么特殊的本领？"

卡内基说："因为我知道如何鼓励他们，使他们觉得自己很优秀，从而发挥所长为公司效力。"

的确，卡内基在钢铁行业所获得的成就，是靠有效发挥下属所长的办法实现的。开业之初，卡内基的钢铁厂因产量上不去，效益甚差。为了扭转这种局面，卡内基果断地以100万美元年薪，聘请查理·斯瓦伯为其钢铁厂的总裁。

斯瓦伯在走马上任后，采取了一系列提高产品质量的措施，他鼓励员工进行竞赛，为此还设置了奖励制度，等等。在这些有效措施的激励下，工厂生产落后的情况快速地得到了改善，产量大大提高，卡内基也从此逐步走向了钢铁大王的宝座。

可以看出，卡内基不愧是一个极其聪明的人，倘若他自命是最伟大的炼钢专家，那么，至少会使一些水平与其不相上下的专家不肯再为其效力，即使是斯瓦伯这样的管理专家，也不会被其看重和使用，更不会有人去敬仰卡内基了。

一般来说，无论在工作中还是在生活中，当朋友表现得比我们优越时，他们就会觉得自己是一个重要人物，心理上就会有一种自豪感；而当我们表现得比他们优越，他们就会产生一种自卑感，造成羡慕和嫉妒。

苏珊是纽约市中区人事局最得人缘的工作介绍顾问之一，但是她初到人事局的那几个月，在她的同事之中却连一个朋友都没有。

同事们之所以不愿意接近苏珊，因为每天在同事面前，苏珊都使劲炫耀她在工作介绍方面的成绩。

"我新开的存款户头又增加了10000存款。"

"我又搞定了一个难搞的大客户，真是太让人兴奋了！"

······

每一件事都要跟朋友炫耀一番。

"我工作做得不错，并且深以为傲。"在一次培训课程上，苏珊对拿破仑·希尔说，"但是我的同事不但不分享我的成就，而且还极不高兴。我渴望这些人能够喜欢我，我真的很希望他们成为我的朋友。在听了你提出来的一些建议后，我开始少谈我自己而多听同事说话。他们也有很多事情要吹嘘，把他们的成就告诉我，比听我吹嘘更令他们兴奋。现在当我们有时间在一起闲聊的时候，我就请他们把他们的欢乐告诉我，好让我分享，相反，现在只他们问我的时候我才说一下我自己的成就。"

苏珊的故事告诉人们，一个人要想获得朋友的青睐，就应该谦虚一点，处处让朋友表现得比自己优越一点。这正如德国人的一句谚语，大意是这样的："最纯粹的快乐，是我们从那羡慕者的不幸中所得到的那种恶意的快乐。"或者，换句话说："最纯粹的快乐，是我们从别人的麻烦中所得到的快乐。"

是的，极有可能在你的朋友中有一些人，在你遇到麻烦时得到的快乐，远比从你的胜利中得到的快乐大得多，这可能就是人性之中原始的一种阴暗的本性。所以，在朋友面前，我们对于自己的成就要轻描淡写，不宜锋芒太露，而要懂得含而不露。

9. 朋友提出无法办到的要求时，如何恰当的拒绝？

在生活中，我们不可能对所有外来的请求和帮助都全部答应，有时是外界客观条件的限制使我们无法伸出援助之手，有时候是自身确实没有能力加以帮助。那么对于这些请求和帮助，尤其是对来自亲朋好友的请求和帮助怎么去拒绝呢？这时，掌握一些必要的拒绝的技巧还是很有必要的。

有的人担心朋友说自己不近人情，伤害别人的自尊心或怕给人带来不必要的不愉快和麻烦等等，便会贸然答应别人一些事情。若是办成了事，则大家同乐，举杯庆祝；倘若没有办好的话，则就有可能惹来有些人的埋怨，那么自己就会吃力不讨好，结果使自己陷于无穷的后悔和纠缠中不能自拔，这样不只浪费了自己的时间，还浪费了自己的精力，同样伤害了自己与朋友的感情。与其如此，还不如当初直接拒绝来得好。

那么，采取什么方法既能得体地拒绝朋友的要求而又不伤害朋友的友谊呢？

首先，要学会为说"不"而表示歉意。当你拒绝朋友的求助时，要和颜悦色，不要吹胡子瞪眼，生硬地直接拒绝，好像人家和你有什么深仇大恨似的。

虽然说"不"是每个人的权利，但说之前最好先说"非常抱歉"或者说"实在对不起"，然后再详细陈述自己不能"帮忙"的理由。这样，朋友在感情上就能接受，从而避免一些不必要的负面影响，影响到朋友之间的感情。让朋友在感情上体会到，我拒绝的是这件"事"，而不是"人"，使朋友感觉这件"事情"虽然被拒绝了，但是我们俩仍然是好朋友。

你可以如此推脱："这件事我非常乐意帮忙，只是恰恰不巧，我现在手头正有一个急事要办，下次您再有这样的好事，我一定当仁不让。"你还可以这样说："这几天我实在走不开，您是否请老张来帮忙，他对这个事比我懂得多得多，您若是不便于找他，我可以代您向他求助。"

小孙和大李是好朋友，两人都从事家用电器修理。有一次，大李从小孙处看到一本很有实用价值的工具书，向小孙要这本书。

小孙很为难，这本书是当工程师的父亲送给他的，现已绝版，对他从事家用电器修理业务有相当大的帮助。送给大李，他自己的生意肯定受影响；可不送给大李，又唯恐大李说他小气，不够哥们儿意思。思索片刻，他说："很不好意思，这本书对我相当重要，自己也未看完，等看完并掌握了主要内容，一定把这本书送给你。”

大李也就明白了小孙不愿把书给他，将心比心，他也不怪小孙。后来，他再也没有向小孙提起要那本工具书的事情。

其次，拒绝朋友时要尽量委婉，不要生硬地用一句话就把对方冷冰冰地拒绝了，应该让朋友意识到你本意是很想帮他的，但是把不好的方面说给朋友听，说明自己是爱莫能助，让他自己从话语间领会到你的为难之处。

若是这位朋友理解了你的话，他自然会再想别的办法。如果朋友请求帮助的事的确考虑欠妥，你可以耐心地、实事求是地替他分析这件事的利弊，让朋友自己得出"还是等等再办此事"的决定。

丁翠要到城里的一家理发馆学理发手艺，可那家理发馆不能为她解决住宿问题，花钱去住旅馆又负担不起，她想到了高中时的好友张芹。张芹大学毕后分到城里，据说有两室一厅的住房，可婆婆和小孩住一间，她和丈夫住一间，门厅太小，根本放不下一张床，丁翠来了住哪儿？再说，她又不是住一天两天，一住就是两个月，大热天，丈夫在家里只穿着短裤，大人小孩每天都得洗澡，有外人住，多不方便！张芹不情愿让丁翠来她家住，直接拒绝又怕家乡人指责她不近人情。思考再三，张芹给丁翠回信："我们很欢迎你到我家来住，只是我家住房也紧张，我打算你来时暂时让丈夫找地方去住。"丁翠也就不好意思给张芹添麻烦了。

还有的时候，朋友求你办的事你根本办不到，而朋友却认为你能办到，这时你可以求朋友为你办一件实际上办不到的事情，让朋友明白你不是不为他办事，而是你的能力所不及，从而不会再为难你。

任欣在公安局工作，他的内弟办了一个食品厂，资金紧张，让任欣想想办法。任欣想到了在银行工作的好友丁顺，于是前去求他帮忙。

"老同学，为我解决几万元的贷款吧？这对你来说应该是小菜一碟吧？"

丁顺在银行搞会计工作，和搞信贷的人交往不多，自知很难贷出款来，直说又怕任欣怀疑他不为人办事，于是转对任欣说："呵呵，好啊，老同学，但是你能不能帮我把我妻子解决一下"农转非"问题呢？这对你来说应该也不难办吧？"

任欣立刻摇头，说："我虽在公安局工作，但不分管户籍工作，手中无权，帮不了你的忙……"

丁顺说："其实，我明白这个理儿，你难道就不明白这个理儿吗？"

于是，任欣也明白了，不再提贷款的事儿。

你不能满足朋友的要求而又不愿伤和气，不妨绕个弯子，如果你的朋友通情达理，他不会因此认为你是个虚伪的人。

10. 不得不说谎时，如何将善意的谎言说到点子上？

两个盲人靠说书、弹三弦糊口，年老者是师父，七十多岁；年轻者是徒弟，二十岁不到。师父已经弹断了九千九百九十九根弦了，还有一根就到一千根了。

师父的师父临死的时候对他说："我这里有一张复明的药方，我将它封进你的琴槽中，当你弹断了第一千根弦的时候，你才可以取出药方。记住，你弹断每一根弦时都必须是尽心尽力的。否则，再灵的药方也会失去效用。"

那时，师父还是20岁的青年，可如今他已皓发银须。五十年来，复明的药方就在指端，他在等待那最后一根断弦。他知道，那是一张祖传的秘方。

一声脆响，师父终于弹断了最后一根琴弦，他高兴地向城中的药铺赶去，当他充满虔诚、满怀期待地取草药时，掌柜的告诉他："那是一张白纸。"他的头嗡地响了一下，平静下来以后，他明白了一切：原来师父欺骗他说弹断一千根琴弦，就能得到那复明的药方，只是真诚、善意的谎言，自己就是靠着这善意的谎言才有了生存的勇气，弹了五十年的琴。

回家后，他郑重地对徒弟说："我这里有一个复明的药方，我将它封入你的琴槽，当你弹断第一千二百根琴弦的时候，你才能去打开它，记住，必须用心去弹……"

绝对的诚实，不仅会伤害到别人也会伤害自己。俗话说，忠言逆耳，有时实话也会刺伤人的心灵，所以说诚实的话也要注意适当的场合。有时出于对别人利益的考虑，从善良的愿望出发，去编织一些谎话，也是非常必要的。

比如，面对身患癌症的好友，你忍心告诉他真相吗？明知道他所剩的时日已经不多，为什么不让他快乐一些呢？说一个善意的谎言，告诉他其实他只是普通的胃溃疡；孩子不喜欢吃药是因为药太苦了，撒谎说药不苦，是为了让他把药吃下去治好病；对老人说："您看起来真年轻。"也许并不是那么回事，不过这样的谎言却可以让他更愉快、更长寿，说不定真的会变得年轻呢。

社交的谎言，在生活中起着润滑剂的作用。

有时家里来人做客，客人的孩子摔坏了杯子，我们会说："没关系，早想换新的了。"其实未必如此，不过是为了减轻客人的心理压力而已。招待客人时，主人身体不舒服却装出笑容，以免扫大家的兴，让客人多玩一会儿，其实早就盼客人散去，好好休息。这种谎言虽然牺牲了自己的利益，但顾全了大局。

当然，说谎不是说想怎么说就这么说，丝毫不考虑影响。说谎的前提是你的谎言必须是以为他人着想为目的的。同时，谎言的设计应该是合情合理的，任何紧张做作和夸大其词，都会引起别人的怀疑和反感，造成不好的后果。

若是我们能本着真诚的态度，善意的出发点，编造别人可以接受但不伤害其他任何人的利益的谎言，那则是高明的智慧，这时就完全没必要固执于绝对的诚实。相反，我们若是本末倒置，明知道真诚的实话会给当事者带来很大的打击甚至创伤时，这时即使"真诚"也会遭人唾弃。